KUNST
UND
SCHÖPFERISCHES
UNBEWUSSTES

von

ERICH NEUMANN

DAIMON
VERLAG

ISBN 3-85630-575-0

3. Auflage 1998

Nachdruck der 1. Auflage, erstmals erschienen bei
Rascher Verlag, Zürich, 1954, mit freundlicher
Genehmigung der Erben von Erich Neumann.

Umschlagbild: Lela Fischli, 1993

VORWORT

Eines der wesentlichen Ergebnisse der tiefenpsychologischen Forschung in den letzten vierzig Jahren ist die Begründung einer transpersonalen Psychologie, welche auf der Entdeckung des kollektiven, allgemeinmenschlichen Unbewußten durch C. G. Jung beruht. Erst mit dieser grundlegenden Neuorientierung ist ein Verständnis des schöpferischen Prozesses und des schöpferischen Menschen möglich geworden. Eine personalistische Psychologie wie z. B. die Psychoanalyse reduziert auch das Schöpferische auf die Bedingtheit durch die personalen Daten des Familienromans, der Individualgeschichte, und «erklärt» den schöpferischen Prozeß wie einen Tumor, als ein auf krankhafter Grundlage entstandenes Wachstum. Ein derartiges Mißverständnis war fast unvermeidlich, solange nicht das kollektive Unbewußte entdeckt worden war und die Verflechtung der Kindheit mit ihm verstanden werden konnte.

In dem Versuch über Leonardo da Vinci wird der Zusammenhang des schöpferischen Menschen und der schöpferischen Leistung mit dem kollektiven Unbewußten und besonders mit dem Archetyp der Großen Mutter gerade da weitergeführt, wo Freud stehen geblieben ist. Darüber hinaus aber wird versucht, deutlich zu machen, wie das schöpferische Genie Leonardos, vorwegnehmend, von zentralen Problemen ergriffen wurde, welche später das Kollektivbewußtsein des modernen Menschen bestimmt haben.

Die grundsätzliche Beziehung des schöpferischen Menschen zu seiner Zeit und die zentralen Inhalte der Gegenwart, welche in der modernen Kunst zum Ausdruck kommen, sind der Gegenstand der weiteren Beiträge dieses Bandes. Mit dem Verständnis der modernen Kunst und ihrer schöpferischen Vertreter nähern wir uns aber nicht nur einem Verständnis der heutigen Kultursituation, sondern wir gewinnen darüber hinaus einen Einblick in die psychische Lage des modernen Menschen überhaupt. Der schöpferische Mensch, der im Tiefsten der Repräsentant seiner Zeit ist, oder in welchem das Unbewußte gerade die Inhalte in Bewegung setzt, welche seiner Zeit fehlen, steht in größter Nähe zu dem psychisch erkrankten Menschen, der oft wie der Schöpferische gerade von den Inhalten überwältigt wird, welche für die zukünftige Entwicklung der Menschheit von entscheidender Bedeutung sind. In diesem Sinne ist die moderne Kunst oft ebenso hilfreich für das Verständnis des modernen gesunden und kranken Menschen wie die im Heilungs- oder Individuationsprozeß auftauchenden Inhalte und «schöpferischen» Produktionen des Menschen unserer Zeit hilfreich sind für ein Verständnis der modernen Kunst.

Auch im Zentrum dieser Arbeiten steht die schöpferische Mitte der Psyche. In der Kunst ebenso wie in der Religion, in der Entwicklung des «männlichen» Bewußtseins ebenso wie in der andersartigen weiblichen Psychologie bestimmt sie in immer anderen Varianten und auf immer neuen Wegen das Leben des Einzelnen und die Kultur der Menschheit.

Tel-Aviv, 1953. E. Neumann

INHALT

VERZEICHNIS DER ABBILDUNGEN

LEONARDO DA VINCI
UND DER MUTTERARCHETYP

Über jedem Versuch, sich der Persönlichkeit Leonardo da Vincis zu nähern, steht als Mahnung der Satz Burckhardts: «Die ungeheuren Umrisse von Leonardos Wesen wird man ewig nur von ferne ahnen können[1].» Trotzdem wird das einzigartige Phänomen der Verbindung des genialen Künstlers mit dem genialen Wissenschaftler in einer Person immer wieder dazu verlocken, seine problematische Gestalt zu enträtseln.

Zwar steht weder das naturwissenschaftliche Interesse Leonardos noch dessen Vielseitigkeit in der Renaissance, dieser Zeit der Neuentdeckung der Welt, einzig da, aber selbst im Vergleich mit der «Allseitigkeit» eines Leon Battista Alberti heißt es: «Und zu Alberti verhielt sich Leonardo da Vinci wie zum Anfänger der Vollendete, wie zum Dilettanten der Meister[2].» Aber obgleich Leonardo, abgesehen von seinen Arbeiten über die Kunst, Grundsätzliches über das Wesen der Wissenschaft und des Experimentes ausgesagt hat, obgleich er wichtige Grundgesetze der Mechanik und Hydraulik, der Geologie und Paläontologie entdeckt hat, obgleich er als Ingenieur die Entdeckung des Flugzeuges und des Unterseebootes teilweise vorweggenommen hat, nicht nur die Anatomie und Physiologie des menschlichen Körpers erforscht und vielleicht als erster durch seine vergleichende Anatomie von Mensch und Tier die Einheit der lebendigen organischen Ent-

[1] Burckhardt, Die Kultur der Renaissance in Italien, Kap. 2.
[2] Burckhardt, op. cit., s. o.

wicklung erfaßt hat — was uns mehr als alle genialen Einzelleistungen fasziniert, von denen jede im Laufe der Jahrhunderte überholt werden mußte, ist die unüberholbare Individualität des Menschen Leonardo, die in einen Raum menschlicher Existenz hineinreicht, der überzeitlich und in menschlichem Maße ewig ist.

Das heißt, als abendländische Erscheinung fasziniert uns die Gestalt Leonardos ebenso wie die Goethes gerade deswegen, weil uns hier der Lebensversuch einer Individuation, eines Lebens zur Ganzheit, entgegentritt, welcher der eigentlichen Intention der abendländischen Menschheit zu entsprechen scheint.

Den ersten und grundlegenden Ansatz, sich auf dem Wege der Tiefenpsychologie der Gestalt Leonardos zu nähern, verdanken wir S. Freud, der in seiner Studie «Eine Kindheitserinnerung des Leonardo da Vinci» aus dem Jahre 1910 mit der Methode der Psychoanalyse einige grundlegende Probleme der Psychologie Leonardos zu lösen versucht hat. In der Auseinandersetzung mit Freud und seiner personalistischen Psychologie wird der andersartige Ansatz der analytischen Psychologie C. G. Jungs, der von transpersonalen, archetypischen Faktoren ausgeht, deutlich werden und in der Bemühung um ein Verständnis Leonardos seine Gültigkeit zu erweisen haben.

Während Freud den Versuch macht, die Psychologie Leonardos von dem persönlichen Geschehen seiner Kindheit abzuleiten, d. h. von einem durch den «Familienroman» gesetzten Mutterkomplex, sehen wir in der Dominanz des Mutterarchetyps, d. h. eines überpersönlichen Mutterbildes beim schöpferischen Menschen ein grundsätzliches, nicht pathologisches Geschehen. Es ist dabei aufschlußreich, wie Freud einerseits den Familienroman Leonardos — ohne sich dessen bewußt zu sein — in dem seiner Theorie entsprechenden Sinne entstellt hat, wie er aber andererseits gerade in dieser Studie, wenn er auch daraus keine Konsequenzen zieht, bis zu dem transpersonalen Hintergrundsgeschehen von Leonardos Entwicklung vorgestoßen ist, indem er «die Analyse der Individualprobleme durch Hinzuziehung historischen Materials [3]» erweitert hat.

Leonardo wurde 1452 als unehelicher Sohn eines Notars Ser Piero da Vinci und eines Bauernmädchens «guten Blutes» geboren [4]. Freuds personalistische Ableitung der Psychologie Leonardos fußt nun auf der Annahme, daß Leonardo die ersten und nach Freud für die Entwicklung entscheidenden Jahre bei seiner Mutter Caterina als vaterloses Kind verbracht habe [5]. Der Tatbestand ist dagegen ein gänzlich anderer. «Nach 1452 heiratet Piero standesgemäß und ebenso Caterina bald darauf [6].» Das Kind Leonardo wuchs mit seinem Vater und seiner Stiefmutter in dem Haus des Großvaters auf, in dem 1457 die ganze Familie zusammen lebte [7]. Da der Vater Leonardos erst im Jahre 1472, in seiner dritten Ehe, Kinder bekam, lebte Leonardo in einem Haus mit seiner Großmutter und nacheinander mit zwei kinderlosen Stiefmüttern als einziges Kind. Von Begegnungen

[3] C. G. Jung, Symbole der Wandlung, 1952, früher Wandlungen und Symbole der Libido, 1913.

[4] M. Herzfeld, Leonardo da Vinci, Der Denker, Forscher und Poet.

[5] S. Freud, Eine Kindheitserinnerung des Leonardo da Vinci, 1910.

[6] M. Herzfeld, op. cit.

[7] Daß dieses Zusammenleben zufällig 1457 dokumentarisch nachweisbar ist, besagt natürlich in keiner Weise, daß Leonardo erst zu dieser Zeit in die Familie aufgenommen wurde, wie Freud (Eine Kindheitserinnerung, op. cit.) fälschlicherweise angenommen hat.

mit seiner wirklichen Mutter wissen wir nichts, in jedem Falle aber ist die Situation dieses Familienromans auch ohnedies kompliziert genug, so kompliziert jedenfalls, daß sie für jede, auch für eine entgegengesetzte mögliche psychologische Konstruktion zur Grundlage dienen könnte.

Wenn daher auch alle psychologischen Konsequenzen, die Freud aus seinem falschen personalistischen Ansatz gezogen hat, dahinfallen, ist er dabei nicht stehen geblieben, denn er hat in genialer Weise die «Kindheitserinnerung» des Leonardo, d. h. ein unbezweifelbares Dokument von Leonardos psychischer Wirklichkeit, zum weiteren Fundament seiner Arbeit gemacht. Diese Kindheitserinnerung, die «Geierphantasie», steht zwischen den Notizen Leonardos über den Flug der Vögel, besonders des Geiers, und lautet folgendermaßen:

«Es scheint, daß es mir schon vorher bestimmt war, mich so gründlich mit dem Geier zu befassen, denn in meiner frühesten Kindheitserinnerung scheint es mir, als ich noch in der Wiege lag, als wäre ein Geier zu mir herabgekommen, habe mir den Mund mit seinem Schwanz geöffnet und viele Male mit diesem seinem Schwanz zwischen meinen Lippen hin und her geschlagen [8].»

Auffällig ist, daß ein so überaus kritischer Mensch wie Leonardo über diese Erinnerung wie über etwas Selbstverständliches berichtet, ohne die Einschränkung zu machen, zu der sich Freud mit der Bezeichnung als

[8] « Questo scrivere si distantamente del nibio par che sia mio destino, parche nella mia prima ricordatione della mia infantia e mi parea che essendo io in culla, che un nibio venissi a me e mi aprissi la bocca colla sua coda e molto volte mi percuotesse con tal coda dentro alle labbra. » (Cod. Atlant. F. 65, V, nach Scognamiglio, Riverite e Documenti sulla giovinessa di Leonardo da Vinci, Napoli 1900.)

«Geier-Phantasie» ohne Zögern entschlossen hat. Gerade daß Leonardo aber von diesem Geschehen als von einer faktischen Kindheitserinnerung erzählt — in dem «e mi paria» «es scheint mir» ist dabei seine kritische Besonnenheit durchaus gewahrt —, ist uns ein Beweis von der psychischen Wirklichkeit dieses Erlebnisses. Das Kind — und je kleiner es ist, desto stärker — lebt in einer noch vor-personalen, d. h. wesentlich archetypisch bedingten Welt, in der die Einheit des Geschehens noch nicht wie bei entwickeltem Bewußtsein in eine äußere physische und eine innere psychische Welt gespalten ist. Deswegen hat alles, was seiner noch unentwickelten Persönlichkeit geschieht, numinos-mythischen Charakter und ist wie die Einwirkung des Göttlichen von schicksalsmächtiger Bedeutung [9]. In diesem Sinne ist der «naive» und unreflektierte Bericht Leonardos Ausdruck dessen, daß seine Erinnerung sich auf ein Grundereignis, ein «Kern-Geschehen» seines Daseins bezieht, mit dessen Verständnis wir den Zugang zu einem verborgenen, aber entscheidenden Bezirk seines Lebens gewinnen.

An dieser Stelle müssen wir etwas ausführlicher auf den Archetypus des mütterlichen Geiers eingehen, wobei wir das Wissen als bekannt voraussetzen dürfen, daß derartige Archetypen auch spontan, d. h. unabhängig von irgendeinem historischen oder gar archäologischen Wissen in den Träumen und Phantasien auch des modernen Menschen auftauchen können [10]. Deswegen

[9] Vgl. dazu z. B. die Arbeit R. Ottos über: «Spontanes Erwachen des sensus numinis» in: Das Gefühl des Überwirklichen, XI, 5. Aufl. 1931 und die Kindheitserinnerungen Barlachs: E. Barlach, Ein selbsterzähltes Leben, 1928.

[10] Vgl. die Werke C. G. Jungs und seiner Schüler über das spontane Auftauchen der Archetypen bei Kindern, Gesunden, psychisch Erkrankten und bei Geistesgestörten.

ist die Frage, ob Leonardo die antike Auffassung, es gäbe nur weibliche Geier und diese würden vom Winde empfangen, möglicherweise gekannt hat, von sekundärer Bedeutung.

Die Geiergöttin Nechbet mit der weißen Krone, die herrschende Göttin Ober-Ägyptens, ist die Repräsentantin einer alten matriarchalen Schicht, in der sie die Mutter des Königs ist, über dessen Haupt sie noch in späten Zeiten schützend schwebt, ebenso wie die Geierhaube der Königin noch ihren alten Rang anzeigt. Am deutlichsten wird die Mutterbedeutung des Geiers darin, daß das Wort Mutter in Ägypten mit dem Zeichen des Geiers geschrieben wird, der das Symbol der Göttin Mut, der ursprünglichen «Großen Mutter», ist. Als Leichenfresser ist der Geier auch die furchtbare Mutter, welche die Toten zu sich zurücknimmt; als «die mit ausgebreiteten Flügeln» [11] ist er das schützende Symbol des Himmels, der gebärenden und nährenden Göttin, welche die Lichter, Sonne, Mond und Sterne, aus ihrem mütterlichen Nachtdunkel gebiert. Deswegen wurde die Geiergöttin von den Griechen Eileithya genannt, d. h. mit der geburtshelfenden Muttergöttin in eins gesetzt, welche die Gestalten der vorgriechischen kretischen Muttergöttin, der vielbrüstigen Artemis Kleinasiens, ebenso wie die Hera und die Demeter der eleusinischen Mysterien umfaßt. Die Göttin und die sie repräsentierende Königin ist die Herrin des Lebens, der Fruchtbarkeit, des Himmels und der Erde. Der ägyptische König, ihr Sohn, sagt charakteristischerweise von sich: ich komme her «von jenen meinen beiden Müttern, jenem Geier mit langen Haaren und strotzenden Brüsten oben auf dem Berge Sehseh, daß

[11] Siehe bei Borchardt, Sahure II.

sie ihre Brust an meinen Mund gebe und mich niemals entwöhne» [12]. Dieser Zug des «niemals Entwöhnen», der z. B. auch darin sichtbar wird, daß der erwachsene König auf dem Schoß der Muttergöttin sitzt und an ihrer Brust trinkt — wobei es gleich ist, ob diese Göttin als Mut, Hathor oder Isis erscheint —, ist für unseren Zusammenhang von entscheidender symbolischer Bedeutung.

Daß in Ägypten von den Geiern angenommen wurde, sie seien immer Weibchen und empfingen vom Winde, führt uns zu einer Grundauffassung der matriarchalen Psychologie, deren Wichtigkeit wir wiederholt betont haben [13]. In der ursprünglichen Primitivmenschheit, in welcher der Zusammenhang zwischen Sexualität und Konzeption des Weiblichen noch unbekannt war, wurde dieses — wie noch der Totemismus mit seiner Abstammung von Tieren, Pflanzen, Elementen und Dingen erweist — von einem transpersonal Männlichen befruchtet, das als Geist oder Gottheit, als Ahn oder Wind, in keinem Fall aber in der Gestalt eines konkreten persönlichen Mannes auftrat. In diesem Sinne war die Frau «autonom», d. h. eine von keinem irdisch Männlichen abhängige Jungfrau. Sie war das numinos Empfangende, die numinose Urheberin des Lebens, Vater und Mutter zugleich.

Darum wird die Geiergöttin Nechbet als «form of the primeval abyss which brought forth the light» [14] ver-

[12] H. Kees, Der Götterglaube im alten Ägypten, 1941.
H. Kees, Totenglaube und Jenseitsvorstellungen im alten Ägypten, 1926.

[13] Verf. Umkreisung der Mitte, Bd. II, Zur Psychologie des Weiblichen.

[14] E. A. W. Budge, The Gods of the Egyptiens. Dieser Wasserabgrund ist das himmlische Wasser des Nachtmeeres in seiner Einheit von Ober- und Unterwelt, wie an anderer Stelle ausgeführt werden wird.

ehrt, und ihr Name heißt: «The father of fathers, the mother of mothers, who hath existed from the beginning and is the creatrix of the world».

Schon Freud hat darauf hingewiesen, daß die mit der Nechbet identische Geiergöttin Mut in Ägypten oft phallisch dargestellt wird [15]. Die mann-weibliche, d. h. mit dem Phallus — ebenso wie z. B. mit dem Bart — ausgestattete Große Muttergöttin ist ein allgemein verbreiteter Archetypus, der die Einheit des Schöpferischen in der urzeugerisch «parthenogenetischen» matriarchalen Muttergöttin des Anfangs symbolisiert, wie ihn der zitierte «Name» der Nechbet ebenfalls umschreibt.

Eine derartige Einheit aber nennen wir «uroborisch», weil der Uroboros, die ihren Schwanz fressende Kreisschlange, das Symbol des «Großen Runden» ist, das in sich kreisend, zeugend und gebärend, männlich und weiblich zugleich ist [16]. Dieser Uroboros, dessen Hieroglyphe in Ägypten als Universum gedeutet wird [17], der Himmel, Wasser, Erde und Sterne, d. h. alle Elemente ebenso wie Alter und Erneuerung in sich schließt, ist das Symbol der gegensatzenthaltenden Ur-Einheit noch in der Alchemie. Aus diesem Grunde ist der Uroboros ein so besonders geeignetes Symbol, den psychischen Frühzustand, in dem das Bewußtsein noch nicht vom Unbewußten getrennt ist, darzustellen, mit allen entscheidenden psychischen Konsequenzen, welche diese Situation für die Beziehung des Ich zum Unbewußten und des Menschen zur Welt in sich schließt. Wenn also die Geiermutter aus der Kindheitserinnerung Leonar-

[15] Abbildungen bei Lanzone, Dizionario di mitologia egizia, T. CXXXVI—VIII nach S. Freud op. cit.

[16] Verf. Ursprungsgeschichte des Bewußtseins, 1949.

[17] The Hieroglyphs of Horapollo, translated by G. Boas, 1950.

dos die uroborische Große Mutter ist, müssen wir zu verstehen suchen, was eine derartige archetypische Erfahrung allgemein — und speziell für Leonardo — bedeutet.

Freud hat den Schwanz des Geiers als männliches Genitale der Mutter gedeutet und gleichzeitig — beides mit Recht — das an ihm saugende Kind auch als ein Bild des an der Mutterbrust trinkenden Säuglings verstanden. Von dieser in der Kindheitserinnerung auftauchenden Grund-Konstellation hat er sowohl den persönlichen Mutterkomplex des vaterlosen Leonardo wie eine passiv homosexuelle Richtung seines Liebeslebens ableiten wollen. Beide Ableitungen sind falsch und bedürfen einer Korrektur, da die «Geierphantasie» eine transpersonal-archetypische, nicht aber eine personalistisch vom Familienroman Leonardos ableitbare Konstellation ist.

In der Situation des an der Mutterbrust trinkenden Säuglings repräsentiert die Mutter immer auch die Mutter des Lebens in ihrer uroborischen, d. h. mannweiblichen Größe dem Kinde gegenüber, das sie gebiert, nährt und schützt. In dieser Funktion werden ihre Leben ausströmenden Brüste — wie sich z. B. in der primitiven Plastik nachweisen läßt — oft zu phallischen Symbolen, denen gegenüber das Kind die Haltung des Empfangenden einnimmt. Dabei handelt es sich um eine menschliche Grundsituation, der nichts Perverses oder Abnormes anhaftet, in ihr ist das männliche wie das weibliche Kind weiblich-empfangend, das Mütterliche aber auch zeugend-männlich. Der überpersönliche Charakter dieser Erfahrung wird bei Leonardo dadurch deutlich, daß in seiner Erinnerung die persönliche Mutter durch das archetypische Muttersymbol, den Geier, sinnvoll ersetzt wird. Die Geier-Himmelsgöttin des Regens, aus deren Brüsten z. B. bei der ägyptischen Nut das zeugende Naß strömt, tränkt die männlich dargestellte Erde — wie die Isis den Horoskönig — und ist als Große Göttin mannweiblich, zeugend und gebärend zugleich. Deswegen entstammt das Bild der uroborischen Mutter mit dem Phallus nicht einer Fehlauffassung des kleinen Knaben über das Genitale der Mutter, sondern ist eine symbolische Darstellung des Großen Weiblichen als der schöpferischen Lebensquelle, das im Unbewußten jedes Menschen, unabhängig von seinem Geschlecht, lebendig ist.

Wir können hier nicht den Umfang dessen darstellen, was das «Große Weibliche» für die Menschheit bedeutet, aber es muß wenigstens angedeutet werden, daß es sowohl als die alles gebärende Seite der Natur wie als die schöpferische Quelle des Unbewußten erscheint, aus der nicht nur im Laufe der Menschheitsgeschichte das Bewußtsein geboren worden ist, sondern unaufhörlich, zu jeder Zeit und in jedem Menschen neue seelische Inhalte auftauchen, welche das Leben des Einzelnen und der Gemeinschaft erweitern, steigern und bereichern. In diesem Sinne gilt für jeden, gewiß aber für den schöpferischen Menschen das Gebet an die Muttergottheit, «daß sie ihre Brust an meinen Mund gebe und mich niemals entwöhne».

Trotzdem bleibt die Frage zu entscheiden, wann handelt es sich beim Dominieren dieses archetypischen Bildes um einen Mutterkomplex, d. h. um eine krankhafte «infantile» Mutterfixierung, welche dem Menschen — insbesondere dem Manne — ein gesundes Leben unmöglich macht, wann aber um eine legitime und genuine archetypische Situation. Um unsere Skizze, die ja speziell Leonardo gewidmet ist, nicht allzusehr zu belasten, können wir nur andeutungsweise auf Zusammenhänge hinweisen, welche an anderer Stelle ausgeführt werden sollen.

In der Bewußtseinsentwicklung differenziert sich zunächst die Einheitsgestalt des mann-weiblichen Uroboros zu den Ur-Eltern. In der matriarchalen Phase der menschlichen und der kindlichen Entwicklung, in welcher das Übergewicht beim Unbewußten liegt, sind die Ureltern derart konstelliert, daß die Gestalt der uroborischen Jungfrau-Mutter mit dem unsichtbaren Geist-Vater verbunden ist, der als patriarchaler Uroboros, als anonym transpersonales Geistwesen auftritt [18]. In der Normalentwicklung kommt es dann zu einer «sekundären Personalisierung», d. h. einem Prozeß der Entmythisierung, in welchem die archetypisch-mythologischen Bilder auf die Personen der Familie oder des nächsten Bezogenheitskreises projiziert und an ihnen erlebt werden. Dieser Entmythisierungsprozeß führt zur Bildung einer Normalpersönlichkeit und einer «normalen» Beziehung zur Außenwelt. Die Archetypen werden allmählich auf den von der jeweiligen Gemeinschaft anerkannten «Kulturkanon» übertragen und auch auf diese Weise die Einordnung in das Normal-Leben verwirklicht. Die archetypische Spannung zwischen Geist-Vater und Jungfrau-Mutter wird in dieser Entwicklung reduziert auf die zwischen dem Bewußtsein — welches über die Vaterwelt das Erbe des Geistvaters antritt — und dem Unbewußten, welches der lebendige Repräsentant der Großen Mutter wird. Dabei führt die normale abendländische Entwicklung, die wir deswegen auch als patriarchal bezeichnen, zu einer Dominanz des

[18] Verf. Ursprungsgeschichte, op. cit.

Bewußtseins respektive des Vaterarchetyps und zu einer weitgehenden Unterdrückung und Verdrängung des Unbewußten und des mit ihm verbundenen Mutterarchetyps. Im Gegensatz dazu ist beim schöpferischen — und in hohem Maße auch beim kranken — Menschen diese Reduktion der archetypischen Gegensatzspannung der Ureltern unmöglich respektive unvollkommen.

Beim schöpferischen Menschen handelt es sich um ein seiner Natur entsprechendes Übergewicht des Archetypischen, beim Kranken um eine Störung der normalen Bewußtseinsentwicklung, deren Ursache teils in Konstellationen des Familienromans, teils in genuinen Kindheitserlebnissen liegt, falls die krankmachenden Faktoren nicht in späteren Entwicklungsstadien aufgetreten sind.

Die Konsequenzen dieser archetypischen Vorbetonung beim schöpferischen Menschen, der seinem Wesen nach auf seine Empfängnisfähigkeit dem schöpferischen Unbewußten gegenüber angewiesen ist, äußern sich u. a. in Entwicklungsabweichungen dem sogenannten Normalmenschen gegenüber, wobei wir die teilweise analogen Verhältnisse des Neurotikers hier unberücksichtigt lassen. In seinem Leben liegt das Gewicht stets auf den transpersonalen Momenten, d. h. in seiner Erfahrung überwiegt das archetypische Moment so sehr, daß er im äußersten Falle sogar zur persönlichen Beziehung fast unfähig wird. Aber auch wo er kontakt- und beziehungsfähig bleibt, liegt immer ein wesentlicher Konflikt seines Daseins darin, die archetypischen Projektionen zu verarbeiten und der «nur» menschlichen Eingeschränktheit seines Gegenüber gerecht zu werden. Aus diesem Grunde gibt es bei vielen auch genialen Künstlern so intensive Anima-Beziehungen zur «fernen

Geliebten», Brief-Beziehungen, Beziehungen zu Unbekannten, Gestorbenen usw.

In der Normalentwicklung gerät die «weibliche Komponente» des Mannes weitgehend in Verdrängung und trägt zur Konstellation der Anima [19] im Unbewußten bei, welche, auf die Frau projiziert, den Kontakt mit ihr ermöglicht. Beim Schöpferischen aber ist dieser Prozeß unvollständig. Er bleibt seiner Natur nach in hohem Maße doppelgeschlechtlich, und seine erhaltene weibliche Komponente äußert sich in seiner höhergradigen «Empfänglichkeit», Sensibilität und in der stärkeren Betonung des «matriarchalen Bewußtseins» [20] in seinem Leben, die in den inneren «Gebär»- und Gestaltungsprozessen zum Ausdruck kommen, welche sein Schöpferischsein wesensmäßig bedingen.

Aber auch die Anima-Entwicklung vollzieht sich nicht in der für den Normalmenschen gültigen Art und Weise. Wie wir an anderer Stelle ausgeführt haben, bedingt gerade die patriarchal männliche Bewußtseinsentwicklung die Konstellation der Anima-Figur und ihre Herauslösung aus dem Mutterarchetyp [21]. Beim schöpferischen Menschen ist diese Ablösung nicht völlig vollziehbar, ihm fehlt die für diesen Prozeß notwendige Einseitigkeit der nur männlichen Bewußtseinsstruktur, da er in höherem Maße als der Normalmann kindlich und weiblich bleibt. Das Übergewicht der archetypischen Welt der «Großen Mutter» und seine Angewiesenheit auf ihre «strotzenden Brüste» ist so stark, daß er niemals des «Muttermordes» fähig ist, welcher die Voraussetzung für die Befreiung der Anima ist.

[19] C. G. Jung, Die Beziehungen zwischen dem Ich und dem Unbewußten.
[20] Verf. Umkreisung, op. cit. Bd. II.
[21] Verf. Ursprungsgeschichte, op. cit.

Deswegen ist der schöpferische Mensch — außer in seinen höchsten Repräsentanten — meist in dem Maße weniger Mensch als er Schöpfer ist, und in dem Maße unfähig, sich als Individuum innerhalb seiner Bezogenheit in der Gemeinschaft zu entwickeln, wie er fähig ist, die Inhalte des Unbewußten aufzunehmen und zu gestalten, welche der Gemeinschaft, in der er lebt, fehlen [22]. Das heißt, so wie der Normal-Mensch seine Anpassung an das Leben in der abendländischen Kultur weitgehend mit seinem Unschöpferischwerden bezahlt, bezahlt der Schöpferische, der an die Forderungen der unbewußten Welt angepaßt ist, mit seiner Einsamkeit, die Ausdruck seiner relativen Unangepaßtheit an das Gemeinschaftsleben ist. Natürlich kennzeichnet diese Charakterisierung nur die Grenzpositionen, zwischen denen unendliche Übergänge und Kompromißpositionen möglich sind.

In jedem Falle aber ist der schöpferische Mensch in hohem Maße an die matriarchale Stufe der Psyche fixiert, und er erfährt sich — wie der ägyptische König — als den archetypischen Heldensohn der Jungfrau-Mutter, die ihn «niemals entwöhnt». So ist Leonardo als «Geierkind» ein typischer Heldensohn und erfüllt den archetypischen Kanon der Heldengeburt, den wir an anderer Stelle ausführlich diskutiert haben.

«Daß der Held zwei Väter oder zwei Mütter besitzt, ist ein Kernstück im Kanon des Heldenmythos. Neben den persönlichen Vater tritt eine ‚erhöhte', das heißt in Wirklichkeit archetypische Vatergestalt, neben die persönliche Mutter die Figur einer ‚erhöhten' Muttergestalt.»

«Schon A. Jeremias [23] hat darauf hingewiesen und mit vielem Material belegt, daß es zum mythologischen Kanon des

[22] Vgl. die nächste Arbeit in diesem Bande.

[23] A. Jeremias, Handbuch der altorientalischen Geisteskultur.

Helden-Erlösers gehört, vater- oder mutterlos zu sein, daß oft einer der beiden Eltern göttlich ist, und daß die Mutter des Helden häufig die Muttergöttin selber oder eine ‚Gottesbraut' sei [24].»

Die Geiermutter Leonardos ist die Muttergöttin selber, sie ist die «Götterbraut», die vom «Winde», einem der archetypischen Symbole des Geistvaters, empfängt. In diesem Sinne hat Leonardo wie alle Helden «zwei» Mütter, und ist in dem gleichen Sinne «vaterlos», oder besser erfährt sich nicht als Sohn seines persönlichen, sondern als Sohn eines «unbekannten» Vaters [25].

Die Beziehung zur Großen Mutter bestimmt die Kindheit und Jünglingszeit des Heldensohnes, in der er als ihr Sohn-Geliebter lebt, durch die Fülle ihrer Zugewendetheit begnadet wie durch die Übermacht gefährdet. Das bedeutet psychologisch, daß die Entwicklung und Entfaltung seines Ichbewußtseins und seiner Persönlichkeit weitgehend in Abhängigkeit von Prozessen verläuft, in denen das Unbewußte das Übergewicht hat und mehr als das Ich seinen Weg entscheidend bestimmt.

Die patriarchale Bewußtseinsentwicklung verläuft, wie an anderer Stelle ausgeführt worden ist, so, daß die Bindung an die Große Mutter überwunden und der Held nach dem Drachenkampf in der Beziehung zum «Geist-Vater» wiedergeboren wird und als zwiefach Geborener seinen mythologischen Auftrag erfüllt.

Drachenkampf und «Elterntötung» bedeutet sowohl die Überwindung der «Mutter» als des Symbols eines den Sohn in der kollektiven Triebwelt festhaltenden

[24] Verf. Ursprungsgeschichte, op. cit.

[25] Die kindliche Auffassung, ein «Stiefkind», d. h. nicht das echte Kind des Vaters resp. der Mutter zu sein, findet man bekanntlich bei vielen Neurotikern, aber nicht nur bei diesen.

Unbewußten, wie die Überwindung des «Vaters», des Symbols der kollektiven Wert- und Traditionswelt seiner Zeit. Erst nach diesem Sieg erreicht der Held die eigene und neue Welt seines individuellen Auftrages, in welcher die Gestalten der uroborischen Eltern, des Mutter- und Vaterarchetyps, in ihrem neuen Aspekt nicht mehr feindlich festhaltende Mächte sind, sondern segnend Leben und Werk des siegreichen Heldensohnes begleiten.

Diesen archetypisch vorgebahnten Weg des Helden hat der Große Einzelne, der schöpferische Mensch, in der seiner Individualität, seiner Zeit und seiner Aufgabe gemäßen Weise zu erfüllen. Aber während bei dieser Art des Weges die Termini «Held» und «Drachenkampf» zuständig sind, entspricht eine andere Entwicklungsform des Großen Einzelnen einem anderen Wege.

Eine Gruppe von Großen Einzelnen erfüllt wirklich in ihrer dramatisch heroischen Lebensbahn den Weg des Helden, denken wir z. B. an Michelangelo oder Beethoven; dagegen verlaufen andere Lebensläufe eher im Sinne einer langsamen Entfaltung und eines allmählichen inneren Wachstums. Obgleich auch in diesen Entwicklungen, wie z. B. der Goethes, dramatische Krisen und Phasen nicht fehlen, überwiegt bei ihnen der Eindruck des stetigen und fast unmerklichen Sich-führen-Lassens den des bewußt heldischen Tuns [26]. Der «Heldenweg» entspricht einer im Gegensatz zur

[26] Man wird hier unwillkürlich an den von Schiller (Über naive und sentimentalische Dichtung) entwickelten Gegensatz von «naiv» und «sentimentalisch» erinnert, ohne ihn aber in diesem Zusammenhang auf den von Jung in den «Psychologischen Typen» entwickelten Gegensatz der Einstellungstypen reduzieren zu können.

Großen Mutter verlaufenden patriarchalen Entwicklung, und die im Drachenkampf wiedergeborenen Helden erweisen sich als Söhne des «Geist-Vaters». Offenbar aber verläuft der andere Typ der Entwicklung des Helden mehr matriarchal, d. h. in größerer Nähe zum Mutterarchetyp.

Hier wie dort steht die mythologische Konstellation der Heldengeburt und der kindhaft und jünglingshaften Beziehung zur Großen Muttergöttin am Anfang der Entwicklung. Während aber die patriarchalen Heldensöhne die Große Mutter verlassen und sich im Gegensatz zu ihr als Söhne des Geist-Vaters erweisen müssen, steht das Leben der matriarchalen Heldensöhne fortlaufend im Zeichen der Mutter und entfernt sich letztlich niemals aus der Beschirmung ihrer Geist-Flügel.

Wenn sich auch bei allen Großen Einzelnen ein Überwiegen der transpersonalen archetypischen Welt nachweisen läßt, macht es einen wesentlichen Unterschied in der Lebensentwicklung, ob bei der «Trennung der Ureltern» der Archetyp der Jungfrau-Mutter oder der des zu ihr gehörenden Geist-Vaters dominant bleibt [27].

Während eine einseitige Entwicklung, in welcher ausschließlich der eine oder der andere Archetyp dominiert, ohne durch den ihn zur Einheit ergänzenden kompensiert zu werden, eine außerordentliche psychische Gefahr darstellt [28], finden wir bei den Großen Ein-

[27] Dabei lassen wir hier die verschiedenen Bedeutungen, welche diese Konstellationen in der männlichen und in der weiblichen Psychologie haben, unberücksichtigt.

[28] Diese Gefahr verdeutlicht sich in der Neurose und Psychose in der matriarchalen bzw. patriarchalen «Kastration», der Überwältigung des Individuums durch die mütterlich uroborische Natur des Unbewußten resp. durch die ebenso verhängnisvolle väterlich uroborische Natur des Geistes (vgl. Verf. Ursprungsgeschichte, op. cit.).

zelnen immer, daß trotz der Prägung des Schicksals durch den einen Teil der Ureltern, die Große Mutter respektive den Großen Vater, im Laufe der Entwicklung immer auch der andere Teil seinen bestimmenden Einfluß geltend macht.

Beim patriarchalen Heldenweg kommt der als Sohn des Geistvaters Neugeborene schließlich auch mit dem Archetyp der Großen Mutter wieder in Beziehung, mit dessen Überwindung er seinen Heldenweg angetreten hatte, und erst in der Vereinigung mit der versöhnten Großen Mutter wird — wie bei Herakles und Hera — der Ausgleich des ursprünglichen Konfliktes erreicht. Ebenso ist in der Entwicklung des Großen Einzelnen, dessen Leben durch die Dominanz des Archetyps des Großen Weiblichen geprägt ist, immer auch eine Auseinandersetzung mit dem Geist-Vater notwendig. Erst in der Spannung zwischen der archetypischen Welt der Großen Mutter und der des Großen Vaters erfüllt sich die Ganzheit eines wahrhaft schöpferischen Daseins. Aber ob der Weg des Heldensohnes patriarchal oder matriarchal verläuft, ob die Sonnenbetonung des patriarchalen oder die Mondbetonung des matriarchalen Bewußtseins überwiegt, ob beide in einem relativen Gleichgewicht oder in spannungsreichem Konflikt zueinander stehen, bestimmt die spezifisch individuelle Art der Entwicklung, des Lebens und des Werkes.

Es läßt sich in vielen Fällen nachweisen, daß schon in den Träumen, Phantasien oder Erinnerungen der frühen Kindheit diese maßgebenden Konstellationen der archetypischen Welt sichtbar werden. Gerade weil das Kind und besonders das Kleinkind mit seinem unentwickelten Bewußtsein noch in der mythischen Welt der Urbilder lebt und wie der Frühmensch die Welt «mythologisch apperzipiert», scheinen die Eindrücke dieser Zeit, in der sich tiefste Schichten der Persönlichkeit unverfälscht ausdrücken oder besser «einbilden» können, oft das ganze Leben vorwegzunehmen.

Derartige «Ein-Bildungen» treten dann als Kindheitserinnerungen oder -«phantasien» auf [29]. In diesem Sinne schlägt auch die Kindheitserinnerung Leonardos den Grundakkord seines Lebens an, sie ist das gültige Symbol der Bestimmtheit seines Schicksals durch die Geiergöttin, die Große Mutter.

Inwieweit die reale Familiensituation Leonardos die Projektion dieser archetypischen Heldensituation begünstigt hat, läßt sich schwer beurteilen. Die personale Fremdheit dem Vater gegenüber ist mit ziemlicher Sicherheit zu erschließen. Leonardos Vater war ein überaus weltzugewandter und lebenstüchtiger Rechtsanwalt, der außer der uns bekannten illegitimen Beziehung zu Leonardos Mutter nicht weniger als vier legitime Ehen einging. Aus der dritten und vierten Ehe — als er sich das drittemal verheiratete, war er etwa 45 Jahre alt — hatte er neun Söhne und zwei Töchter. Wenn man im Vergleich zu dieser Biographie Leonardos Leben sieht, der außer vielleicht in seiner Jugend [30] keine körperliche Beziehung zu einer Frau hatte, von der wir wissen, und wenn man die Tatsache bedenkt, daß Leonardo trotz seines Ruhmes von seinem Vater als «illegitimer Sohn» in seinem Testament überhaupt nicht bedacht worden ist, dann erscheint die Annahme eines inneren Gegensatzes zwischen Vater und Sohn nicht

[29] Über den lebensvorbestimmenden Charakter von Kinderträumen hat C. G. Jung in den Kindertraumseminaren an der Technischen Hochschule Zürich Entscheidendes ausgesagt.

[30] Vgl. seine Einstellung zur Sexualität und den «Begierden», Seite 25 f.

mehr als eine Konstruktion. Zu dieser Fremdheit dem persönlichen Vater gegenüber, dessen bürgerliche Diesseitigkeit wir uns kaum dünkelhaft genug vorstellen können, wenn wir uns die Enterbung des «illegitimen Sohnes» vor Augen halten, kommt die problematische Beziehung des Kindes Leonardo zu den Frauen, zur Großmutter, zwei Stiefmüttern und zu der unbekannten oder bekannten eigenen Mutter.

Derartige anormale Familiensituationen pflegen schon beim durchschnittlichen Kinde zu Störungen in der Richtung zu führen, daß durch eine kompensatorische Belebung des Unbewußten die Eltern-Archetypen nicht wie bei der Normalentwicklung «abgebaut», sondern sogar belebt werden, und daß die großen, überpersönlichen Eltern das Fehlen und Versagen der persönlichen Eltern gewissermaßen ausgleichen [30a].

Wenn wir die schöpferische Anlage Leonardos in Betracht ziehen, bei der «von Natur aus» ein archetypisches Übergewicht vorhanden ist, wird seine Kindheitsphantasie als Symbol seiner Herausgelöstheit aus der normal menschlichen Umwelt ebenso wie als das seiner Bezogenheit auf die transpersonalen Mächte in ihrer ganzen Schicksalshaftigkeit deutlich. Gerade dadurch, daß bei einem Menschen der abendländischen Renaissance die gleichen archetypischen Konstellationen mit den gleichen Symbolen erscheinen, wie sie von den mythischen Helden der Vorzeit berichtet werden, wird die Geierphantasie Leonardos zu einem so bedeutungsvollen Dokument.

Leonardo ist schon als Jüngling — soweit wir überhaupt imstande sind, uns ein Bild von ihm zu machen —

[30a] Die durch diese Kompensation verursachten Störungen in der Normalanpassung können uns hier nicht beschäftigen.

durch die gleiche Unfestlegbarkeit charakterisiert, welche ihn sein ganzes Leben lang ausgezeichnet hat. Die Vielseitigkeit seiner Talente bleibt sogar, wenn wir in Betracht ziehen, daß allgemein in seiner Zeit die Mannigfaltigkeit der Begabungen gepflegt wurde, noch auffällig. Denn abgesehen von seinem malerischen Genie, das schon frühzeitig in der Schule des Verocchio in solcher Vollendung hervortrat, daß sein Meister seinetwegen die Malerei aufgegeben haben soll [31], hat der Jüngling Leonardo durch die Fülle seiner Begabungen anscheinend auf seine ganze Umgebung faszinierend gewirkt.

Leonardo war bis ins Alter von ungewöhnlicher Schönheit und verband Charme und Eleganz mit einer außerordentlichen körperlichen Kraft, so daß er mit der bloßen Hand ein Hufeisen zusammenbiegen konnte. Das Musische und zugleich Spielerische seiner Natur äußerte sich u. a. darin, daß er wegen seiner Fähigkeit zu singen, zu dichten, zu musizieren und in allen diesen Künsten zu improvisieren allgemein berühmt war. Auch seine hervorragende mathematische und technische Begabung, die ihn zu einem in seiner Zeit weit bekannten Wasserbau- und Festungsingenieur, Kriegstechniker und Erfinder gemacht hat, verwandte er in einer für ihn charakteristischen spielerischen Weise [32]. So kam er z. B. an den Mailänder Hof nicht als berühmter Maler, sondern wegen der Erfindung eines einzigarti-

[31] Vasari, Künstler der Renaissance.

[32] Zweihundert seiner Erfindungen wurden im 20. Jahrhundert von der italienischen Regierung konstruiert und in einer Ausstellung gezeigt. Life, July 1939. Maschinengewehr, Fallschirm, Feuerleiter, Dampfmaschine, Teleskop, Druckereipresse, Metallrollmaschine, Bohrmaschine, Windmühle, Wasserschraube, Gelenkkette und viele andere Erfindungen, Instrumente wie Schrittzähler, Windmesser, Proportionswinkel und unzähliges mehr (F. M. Feldhaus, Leonardo der Techniker und Erfinder) entstammen seinem genialen technischen Denken.

gen Musikinstrumentes in Gestalt eines Pferdekopfes, das den Hof faszinierte. Er, der noch in spätem Alter sich seltsame Spielzeuge ausdachte und die Hoffeste vieler Fürsten mit uns seines Genies unwürdig erscheinenden technischen Spielereien und Erfindungen schmückte, war von Anbeginn mehr dem Erfindungsreichtum und der unausschöpfbaren Fülle seiner eigenen Natur zugewandt als der Gestaltung einer Wirklichkeit, die er in gewissem Sinne sein Leben lang niemals ganz ernst zu nehmen schien. Er bewegte sich in seiner Zeit und in der Welt malend, bildhauernd, forschend, entdeckend und erfindend, erfüllt von einer tiefen Hingabe an alles, was ihn anzog, aber gleichzeitig immer unverpflichtet, immer wie fremd, immer unabhängig, nichts und niemandem sich ganz hingebend als seiner eigenen Natur, deren Diktat er wie träumend, aber gleichzeitig mit der geschärften Aufmerksamkeit des forschenden Beobachters gehorchte.

Wenn er schreibt, «Anordnen ist Herrenwerk, Ausführen ist Knechtestum» [33], dann könnte dies — zu Unrecht — das Motto seines fragmentarischen Gesamtwerkes und Lebens scheinen. Aber höchstens in der Jugendepoche mag ihn seine Tendenz zur Ungebundenheit zeitweise in die Gefahr des Hochmuts geführt haben, Dinge nur zu entwerfen, nicht aber auszuführen. In Wirklichkeit war Leonardo ein ungeheurer Arbeiter, nur daß er, aus Gründen, die zu erforschen eine unserer tieferen Aufgaben ist, niemals eine Tendenz zum «Werk» in sich gehabt hat wie z. B. Michelangelo, der ihn in der Härte seiner Einseitigkeit gerade deswegen tief verachtet hat.

[33] MS CA Fol. 109 v. siehe M. Herzfeld, op. cit., S. 139. Die Abkürzungen usw. siehe S. CLXVI.

Die fragmentarische Tendenz seines Künstlertums beruht nicht auf einem Mangel an Intensität in der Ausführung, aber auch nicht nur auf der Maßlosigkeit seiner inneren Forderung, sondern darauf, daß ihm das Kunstwerk und die Kunst nicht Selbstzweck waren, sondern nur — vielleicht ohne daß er sich dessen selber bewußt war — Instrument und Ausdruck seiner inneren Situation. Auch hierin, wie in seiner Faszination durch das Problem des Fliegens, dem er so viel Kraft und Hingabe geopfert hat, erweist sich Leonardo als «Geierkind». So wie er die Wirklichkeit und ihre Aufgaben, wie er Geld und Ruhm, Werk und Schulgründung eigentlich verachtet hat, war er in seiner unbewußten Hingabe an die Geist-Mutter allem Materiellen und Faktisch-Durchschnittlichen zutiefst abgewandt. Daher stammt auch seine Triebfeindlichkeit und seine Ablehnung der Sexualität. «Der Hermelin — eher sterben, als sich beschmutzen» [34], lautet einer seiner Aphorismen. «Wer die Wollust nicht zügelt, gesellt sich zu den Tieren» [35], ein anderer; und nach einer banalen Allegorie von einem Schmetterling, der sich am Licht verbrannt hat, denn «jenes umkreisend, wunderte er sich über so viel Schönheit», heißt es noch ganz wie im Mittelalter pedantisch moralisierend: «Für jene gesagt, die vor sich diese lasziven und weltlichen Vergnügungen sehend gleich dem Schmetterling selbigen zulaufen, ohne die Natur jener in Betracht zu ziehen, welche von selbigen Menschen, nach langem Gebrauch, mit ihrer Scham und ihrem Schaden erkannt werden [36].» Die umständliche Übersetzung ist nur die adäquate Entspre-

[34] MS H. I Fol. 48 v. siehe M. Herzfeld, op. cit., S. 143.
[35] MS H. III Fol. 119 r. siehe M. Herzfeld, op. cit., S. 140.
[36] MS CA Fol. 257 r. siehe M. Herzfeld, op. cit., S. 270/71.

chung von Leonardos plötzlich stockender und gestörter Ausdrucksfähigkeit.

Unzweifelhaft bestand eine starke Sexualhemmung, ja fast Sexualangst bei Leonardo, aber diese Ablehnung bezieht sich auf die ganze materielle Seite der Wirklichkeit und des Lebens. Wir finden eine derartige Abwehr oft bei den «Jünglingssöhnen» der Großen Mutter, die in ihrer übersensiblen Blütenhaftigkeit das Leben ablehnen, dem sie in seiner angeblichen «Nichtigkeit» tatsächlich meistens nicht gewachsen sind. Auch die keineswegs erwiesene Homosexualität, jedenfalls aber seine Homoerotik gehört in diesen Zusammenhang. Wie bei vielen Jünglingsgeliebten der Großen Mutter begünstigt der kompensatorische Widerstand gegen ihren Aspekt als Erdmutter, als Materie, eine Tendenz zum Männerbund und zu einer Ablehnung der triebverstrickenden Schönheit des Weiblichen, welches an die banale Wirklichkeit der Materie verhaftet. Wenn Leonardo seine Schüler angeblich mehr nach ihrer Schönheit als nach ihrer Begabung ausgesucht hat, so entspricht das nicht nur seiner Natur, in welcher der Eros eine so entscheidende Rolle spielte, sondern mehr noch seiner Hingabe an die zweckfreie Schönheit des Lebendigen, die ihm wichtiger war als Werk und Schule. Immer ist etwas «Überwirkliches» als eigentliches Ziel und als eigentliche Bewegkraft seiner inneren Tätigkeit nachweisbar.

Fraglos hat Leonardo mit dem Studium des Fliegens der Vögel, der Mechanik ihrer Flügel und den unaufhörlichen Bemühungen, einen Flugapparat zu konstruieren, ganz konkret die Erwerbung des technischen Fliegens für die Menschheit erstrebt. Sein berühmter Satz: «Es wird seinen ersten Flug nehmen der große

Vogel, vom Rücken eines riesigen Schwanes aus, das Universum mit Verblüffung, alle Schriften mit seinem Ruhm füllen und ewige Glorie sein dem Neste, wo er geboren ward» [37] ist wahrscheinlich durchaus so konkretistisch zu verstehen, wie er verstanden wird, daß nämlich «Leonardo schon seinen ‚Vogel' sieht, der sich vom ‚Cecero' (Schwan), einem Hügel in Florenz, in die Lüfte hebt». Gleichzeitig läßt sich aber bei Leonardo in einzigartiger Weise nachweisen, wie die für das Abendland so charakteristische «technische Erfindung» ursprünglich einer noch unbewußten inneren symbolischen Wirklichkeit entspricht. In seiner bis ans Ende wie kindhaft träumenden und spielenden Existenz ist alles, was er tut, symbolischer Ausdruck einer inneren Wirklichkeit. Nichts ist letzten Endes das, als was es sich gibt, und als was er es selber nimmt. Der forschende Ernst, die Genauigkeit seiner Bemühung, die technische Deutlichkeit seines Willens und die Helle seiner Ratio ändern nichts daran, daß — ihm selber dunkel fühlbar — eigentlich etwas anderes mit alledem gemeint ist, was er tut. Nur so erklärt sich das fortlaufende Weiterschreiten seiner Entwicklung, die Unermüdlichkeit und Unersättlichkeit seiner Lebensarbeit. So ist auch sein Fliegen-Wollen in Wirklichkeit mehr als eine zu lernende Technik, als ein zu bauender Apparat.

Wie kann man sich als Geiersohn, als Sohn der Großen Göttin, erweisen, was ist «fliegen» und sich über die Erde erheben — das sind die symbolisch-wirklichen Fragen, die in seiner Forschung lebendig sind.

Leonardos Erdflüchtigkeit, wenn wir in diesem Begriff seine Abwendung von der Materie, der Erdmutter

[37] S. P., MS V. U. Innendeckel 2, siehe M. Herzfeld, op. cit., S. 32.

als dem unteren Aspekt der Großen Mutter, zusammenfassen wollen, konnte aber in einer so großen und der Ganzheit zugewandten Natur wie der seinen nicht ohne Ausgleich, ohne inneren dialektischen Gegenschlag bleiben. Während bei einer schmaleren Lebensbasis aus dieser erdflüchtigen Konstellation lyrisch-zarte und seelisch-geistig übersensible Künstler entstehen, in denen das Ästhetische und seine Preisung überwiegt, mußte es in der umfassenden Lebendigkeit Leonardos zu einer inneren wenn auch unbewußten Gegenbewegung kommen, deren Tendenz darin bestand, seine Einseitigkeit zu kompensieren. Auch hierin erweist er sich als echter Sohn der Großen Mutter, die in ihrer Ganzheit den Himmels- und den Erdaspekt als Großes Rundes in sich vereinigt.

Während das Mittelalter — und besonders die Gotik — vom Archetyp des Himmels-Vaters beherrscht wurde, beruhte die durch die Renaissance eingeleitete Entwicklung auf der Belebung des weiblichen Erdarchetyps. Sie hat im Laufe der letzten Jahrhunderte zur Revolution der Menschheit «von unten her» geführt und alle Schichten der abendländischen Existenz ergriffen. Die Menschheitswelt im Ganzen und der Mensch im einzelnen, nicht mehr die Himmelswelt und die Natur der Engel, stehen im Mittelpunkt unseres Weltbildes, und der Mensch erfährt sich nicht mehr als ein aus dem himmlischen Paradies verstoßener Lucifer, sondern als echter Sohn der Erde. Dieses Wurzelschlagen hat die Entdeckung des Körpers und der Naturwissenschaft, aber auch die der Seele und des Unbewußten ermöglicht; der Wurzelgrund aber ist in der «materialistischen» Unterlage des menschlichen Daseins in Erscheinung getreten, und als Natur und Erde in Astronomie und Geologie, Physik und Chemie, Biologie, Soziologie und Psychologie zum Fundament unseres Weltbildes geworden [38].

Diese Umkehrung des Mittelalters beginnt mit der ungeheuren Gestalt Leonardos, der all diese Entwicklungen vorwegnahm, sie alle in sich vereinigte und überallhin in die Zukunft vorstieß. Aber er blieb dabei nicht stehen und reicht durch die Entfaltung seiner Persönlichkeit in der Integration all dieser zukunftsträchtigen Züge weit über die ihm folgenden Jahrhunderte und unsere Gegenwart hinaus.

Während die Zeitalter nach ihm alle Einzelheiten seiner Weltsicht ausgeführt und ihn darin in allem und jedem überholt haben, ging ihnen gerade das verloren, was in ihm das Entscheidende und Großartige war, nämlich die Einheit. Denn nicht die Zusammenfassung des Vielfältigen in seinem Geist, nicht das Enzyklopädische seines in die Welt ausgreifenden Forscherwillens, sondern die Integration dieser Vielheit zu einer symbolischen menschlichen Existenz ist das Wesentliche an Leonardo. Für ihn hatte nichts «an sich» Bedeutung, war nichts in sich Endzweck, nicht der Fund und nicht die Nutzanwendung, nicht die Entdeckung und die Erfindung, aber auch nicht einmal die Einheit des Werkes. Für ihn als fast einzigen unter allen Künstlern des Abendlandes bedeutete die Kunst nicht alles und nicht das Ganze. Aber auch als einzigem unter den Entdeckern und Wissenschaftlern war ihm die Wissenschaft ein Geheimnis seines individuellen Lebens, das in der Fülle seiner Hefte verschlossen blieb, als ob es ihm nicht wichtig gewesen wäre, diese Bücher, die nie-

[38] Vgl. Verf.: Die Bedeutung des Erdarchetyps für die Neuzeit. Eranos-Vortrag, 1953.

mals Bücher geworden sind, wirklich der Welt zu übergeben.

Ihm selber unbewußt wurde sein ganzes Leben dirigiert von der Tendenz zu einer Integration seiner Persönlichkeit, die sich im Ebenbilde einer Gottheit erfährt, welche Oberes und Unteres, Himmel und Erde in sich vereinigt. Das Prinzip dieser Einheit, das die analytische Psychologie Jahrhunderte später als Prinzip der Individuation herausgestellt hat [39], erscheint als Mandala, als das Große Runde, das — wie die Große Göttin — Himmel und Erde umfaßt.

So wie seine «Erdflüchtigkeit», ein mittelalterlicher Zug seines Wesens und seiner Zeit, in etwas gänzlich Neues transponiert wurde, nämlich in das wissenschaftliche Problem des Fliegens, so wandelte sich auch der Gegenschlag seiner Natur in etwas Revolutionäres und Zukunftsträchtiges zugleich. Dieser «Gegenschlag» setzt sich, wie wir bei Leonardo immer wieder sehen werden, auf verschiedenen Ebenen seines Wesens und Wirkens gleichzeitig durch; auch dies gerade ein Symptom seiner totalen Ergriffenheit von den Prozessen, die sich in ihm abspielten, und zu deren Verarbeitung es seiner ganzen und vielfältigen Anstrengung bedurfte [40].

[39] Vgl. die Arbeiten C. G. Jungs über dieses Thema.

[40] Unser Versuch ordnet die einzelnen Lebensfakten und die Aussagen Leonardos nicht in der chronologischen Abfolge der Daten im Sinne einer Biographie, sondern versucht, die diesem Leben zugrunde liegende archetypische Struktur, das pattern dieses Lebens zu erfassen. Im Ablauf des Zeitstromes schlägt sich zu den verschiedensten Zeiten das Lebensmaterial in verschiedener Tiefe nieder und läßt so allmählich die latente archetypische Grundlage sichtbar werden — als ob der in sich gradlinige Zeitstrom doch auch ein Kreisstrom wäre, der oberhalb der archetypischen Struktur «rotiert». Deswegen können in einem Leben zentrale Erkenntnisse früh auftauchen und Aussagen der Spätzeit nicht zentral sein. Auch wenn eine Lebensintention sich innerhalb des Zeitablaufs erfüllt, lebt ja

Der künstlerische Ausdruck dieser Situation ist das in seiner Art einmalige Bild: «Die Madonna in der Grotte» (Abb. I), das uns in der Beschreibung Mereschkowskis [41] am tiefsten geschildert zu sein erscheint:

«Die Himmelskönigin erschien den Menschen zum ersten Male in einem geheimnisvollen Dunkel, in einer unterirdischen Höhle — vielleicht einem Zufluchtsort des alten Pan und seiner Nymphen — dicht am Herzen der Natur; sie, das Geheimnis der Geheimnisse, die Mutter des Gottmenschen, im Innern der Mutter Erde.»

Diese Madonna ist die eigenartigste, die wohl je gemalt wurde. Das Geheimnis, daß das Licht aus dem Dunkel geboren und daß die Geist-Mutter des Erlöserkindes mit der bergenden Unendlichkeit der Erd-Natur eines ist, ist in keinem anderen Werk der Kunst wie in diesem Bilde sichtbar geworden.

Das den Aufbau dieses Bildes bestimmende Dreieck mit seiner Basis auf der Erde [42] ist ein altes weibliches Symbol [43], das pythagoräische Zeichen der Weisheit und des Raumes [44].

Die andere Sichtbarwerdung des Erdarchetyps bei Leonardo geschieht in seinem wissenschaftlichen Werk, das in seiner Ganzheit von dieser Belebung, dieser Re-

der schaffende sowohl wie der aussagende Mensch nicht immer auf der gleichen Stufe oder in der gleichen Tiefe seiner Existenz.

[41] Mereschkowski, Leonardo da Vinci.

[42] Wölfflin, Die klassische Kunst.

[43] R. Koch, Das Zeichenbuch.

[44] Weder meinen wir mit diesem Hinweis, daß Leonardo dergleichen gewußt noch gar absichtlich in das Bild hineingeheimnißt habe. Aber die Übereinstimmung von Inhalt, Bildstruktur und unbewußter Symbolik bleibt trotzdem bemerkenswert.

naissance, die in Wirklichkeit nicht eine der Antike, sondern der Erde war, Zeugnis ablegt. Drei Territorien seiner naturwissenschaftlichen Arbeit stehen unter dem Zeichen der Erde, der Erdmutter: der menschliche Körper, die Erde als belebter Organismus und die Natur als ein beide umfassendes göttliches Wesen.

Sicherlich ist Leonardo auf die Anatomie zuerst im Zusammenhang mit seinem Künstlertum als Maler und Bildhauer gestoßen, aber wie weit hat er sich von diesem Ausgangspunkt entfernt, welche Gebiete der Natur hat er, der allein dreißig Leichen seziert hat, entdeckt! Die in den verschiedensten Ebenen liegenden Zeichnungen und Beschreibungen seiner geplanten und in weitem Umfang ausgeführten Anatomie sind von solcher Qualität, daß ein moderner Anatom im Jahre 1905 sagen konnte, daß manche Darstellung Leonardos auch heute noch nicht erreicht sei [45]. Er hat eine große Zahl von anatomischen Entdeckungen gemacht, und es ist sogar die Vermutung ausgesprochen worden, «Vesals grundlegendes Werk über den Bau des menschlichen Leibes sei, Text und Bild, nichts als ein großes Plagiat, ein Diebstahl an Leonardos Lebensarbeit» [46]. Nicht, daß die moderne Form der topographischen Anatomie bei ihm zur Grundlage der Anatomie geworden ist, und nicht, daß er als erster vergleichende Anatomie getrieben hat und die menschlichen Glieder in ihrer Entsprechung zu denen des Tierreiches eingeordnet hat, ist das Entscheidende. Wesentlich und für seinen Weitblick und Weltblick charakteristisch ist, daß er die Anatomie als vielleicht erster in ihrem funktionellen Zusammenhang gesehen und damit die Physiologie des menschlichen Kör-

[45] M. Holl, Die Anatomie des Leonardo da Vinci.
[46] Nach M. Herzfeld, op. cit. CL III.

Abbildung I

Madonna in der Grotte (Louvre, Paris)

Abbildung II

Karton zur heiligen Anna (Burlington House, London)

pers entdeckt hat. Er hat die große Einheit des menschlichen Blutkreislaufes erkannt und trieb, nach dem richtigen Wort Spenglers, «Physiologie um des inneren Geheimnisses willen» [47], er «sucht das Leben im Körper».

Und — trotz der vielen Irrtümer im einzelnen — welche Entdeckungen hat er auf allen Gebieten seiner Forschungen gemacht. Er, der hundert Jahre vor Kepler schrieb: «Die Sonne bewegt sich nicht» [48], hat auch in seinen astronomischen Einsichten das mittelalterliche Weltbild an seinem zentralen Punkt aus den Angeln gehoben. M. Herzfeld formuliert diesen Gegensatz folgendermaßen: «Ich will das mit dem schönen Wort Gabriel Séailles' wiedergeben: «Die Sterne sind unverweslich, göttlich, ohne Beziehung zu unserer sublunaren Welt, deren Gesetz die Zeugung ist, die Veränderung, der Tod. Die Erde lehrt uns nichts über den Himmel, der einer anderen Ordnung angehört ... kühn zerbricht Leonardo diese Hierarchie, er versetzt die Erde in den Himmel.» Daher sagt Leonardo: «Du hast in deiner Abhandlung zu zeigen, daß die Erde ein Stern ist, so ähnlich wie der Mond und so den Adel unserer Welt zu erweisen» [49].

Seltsam und bedeutungsvoll ist es nun, daß Leonardo gerade in seiner Betrachtung der Erde, trotz einer Fülle grundlegender und neuer Einsichten über sie, in einem mythologischen Bild von ihr befangen bleibt. Er hat den Kreislauf des Wassers erkannt und die Schichtungen

[47] O. Spengler, Der Untergang des Abendlandes.
[48] R. 886 MS W. L. Fol. 132 r. siehe M. Herzfeld, op. cit., S. 53. (J. P. Richter bemerkt hierzu: «Dieser Satz stößt einem mitten unter mathematischen Noten auf und ist mit ungewöhnlich großen Buchstaben geschrieben.»)
[49] MS F. Fol. 56 r. siehe M. Herzfeld, op. cit., S. 59.

der Erde durch Ablagerung, die Legende von der Sündflut widerlegt und richtig geschlossen, daß die auf den Bergen liegenden Fossilien Zeugen von Meeren sind, die über diesen Bergen gestanden haben. Aber gerade die Leidenschaft seiner Forschung, die Faszination durch sein Objekt, die Erde, läßt ihn diese beleben. Wie lebendig ihm diese Erd-Körper-Gleichung war, geht aus folgendem Zitat hervor:

«Das Wasser, so in den Bergen aufquillt, ist das Blut, welches selbige Gebirge lebendig erhält, und wenn hineingebohrt wird, oder selbige Vene quer durchgeschnitten — die Natur, Helferin ihrer lebendigen (Wesen), reichlich in der Vermehrung, um den Abgang der vergossenen Säfte zu besiegen, überströmt dort in wunderbarem Zufluß, ähnlich wie wenn bei einem Menschen irgendeine Stelle eingeschlagen wird, und man dort zur Aushilfe das Blut unter der Haut in Form einer Schwellung sich vermehren sieht, um am kranken Teil sich zu öffnen; ebenso, da das Leben auf der hohen Spitze abgeschnitten ist, sendet die Natur aus den tiefsten Wurzeln zur höchsten Höhe des durchschnittenen Ortes ihre Säfte, und wenn diese vergossen sind, läßt sie ihn nie im Stich mit Lebenssaft, bis ans Ende seines Daseins [50].»

Das gleiche Gesetz der Kompensation, des Ausgleichs durch die Mutter Natur, die «nie im Stich läßt», findet er in der Botanik:

«Wenn der Baum irgendwo an der Rinde abgeschält wird, wendet die Natur, die diesem vorsorgt, selbiger Abschälung eine viel größere Menge von nährenden Säften als irgendeiner anderen Stelle zu, so daß, durch vorbesagtes Fehlen, die Rinde dort viel dicker wächst als an irgendeinem anderen Fleck [51].»

Dieser mütterliche Charakter der Erde ist ihm so

[50] MS H. II Fol. 77 r. siehe M. Herzfeld, op. cit., S. 63.
[51] MS CA Fol. 76 r. siehe M. Herzfeld, op. cit., S. 120.

gewiß, daß er sie im Bilde eines lebendigen Körpers erfährt [52]:

«Also können wir sagen, daß die Erde eine vegetative Seele habe, und daß ihr Fleisch sei der Boden; ihre Knochen seien die Ordnungen der Zusammenhänge von Gestein, aus dem sich die Berge zusammensetzen; ihr Geknorpel sei der Tuff; ihr Blut sind die Adern des Wassers; der See des Blutes, so um das Herz herumliegt, ist das ozeanische Meer ... [53].»

Die Natur ist die Große Göttin selber, sie verleiht der mütterlichen Erde wie der menschlichen Mutter die vegetative Seele, welche das Kind «nährt und belebt».

«Die Natur setzt die Seele in selbigen Körper, die bildende, nämlich die Seele der Mutter, so zuerst im Schoße die Gestalt des Menschen bildet und zu gehöriger Zeit die Seele aufweckt, so von selbiger der Bewohner sein soll, welche vorher im Schlafe war und in Hut der Seele von der Mutter, so sie nährt und belebt durch die Nabelschnur mit allen ihren geistigen Gliedern, und wird so fortfahren, solange als selbiger Nabel mit der Frucht und den Keimblättern verbunden bleibt, wodurch das Kind sich mit der Mutter vereint [54].»

Wenn von Leonardo gesagt wurde: «In der Natur findet er immer wieder zu lernen; ihr ist er hingegeben wie der Sohn der Mutter» [55], so ist das in einem viel tieferen und grundsätzlicheren Sinne wahr als dieses «poetische Bild» zunächst vermuten läßt.

[52] Eines seiner Rätsel, dessen Lösung ist: Die Ackerbauer, lautet in diesem Sinne: «Zahlreich werden jene sein, die ihre Mutter schinden und ihr die Haut umdrehen (MS J. Fol. 64 r. siehe M. Herzfeld, op. cit., S. 279). Wie archetypisch diese Formulierung ist, beweisen die Schinde-Fruchtbarkeits-Riten des alten Mexiko.

[53] R. 1000 MS Leic. Fol. 34 r. siehe M. Herzfeld, op. cit., S. 62.

[54] R. 837 MS W. AN. IV Fol. 184 r. siehe M. Herzfeld, op. cit., S. 119.

[55] M. Herzfeld, op. cit.

Es ist hier nicht unsere Aufgabe, die wissenschaftliche Bedeutung Leonardos darzustellen, die besonders darin liegt, daß er als erster die naturwissenschaftliche Methode des Experiments entdeckt hat. «Das Experiment irrt nie, sondern es irren nur Eure Urteile» [56], und ähnlich:

«Die Erfahrung irrt nicht, doch es irren bloß unsere Urteile, von ihr sich Dinge versprechend, die nicht in ihrer Macht sind [57].»

Uns beschäftigt die Lebendigkeit des Archetyps der Großen Mutter in Leonardos Leben und Wirken und die Einheit von Himmels- und Erdgöttin, die in ihm nicht nur als mythologisches Bild lebendig war, sondern in seiner Forschungsarbeit auf die Ebene eines wissenschaftlichen Weltbildes erhoben wurde.

So heißt es von der «immergebärenden Göttin» in anderer Sprache:

«Die Natur ist voll zahlloser Ursachen, die niemals in die Erfahrung traten [58].»

Oder:

«Wenngleich der menschliche Geist verschiedene Erfindungen macht und mit verschiedenen Werkzeugen dem gleichen Zweck entspricht, nie wird er schönere Erfindungen machen, noch Leichteres und Kürzeres als die Natur erfinden, weil in den Erfahrungen von ihr nichts fehlt und nichts überflüssig ist [59].»

Daß er dabei nicht in eine romantische Verklärung der Natur verfiel, sondern neben der «guten» auch die

[56] MS CA Fol. 154 r. siehe M. Herzfeld, op. cit., S. 4.
[57] MS CA Fol. 154 r. siehe M. Herzfeld, op. cit., S. 5.
[58] MS J. Fol. 18 r. siehe M. Herzfeld, op. cit., S. 11.
[59] R. 837 MS W. AN. IV Fol. 184 r. siehe M. Herzfeld, op. cit., S. 118/119.

«furchtbare» Mutter in ihr erkannte, geht mit aller Deutlichkeit aus dem Satz hervor, dessen erkennende Distanziertheit für Leonardo so charakteristisch ist:

«Die Natur scheint hier in vielen oder bei vielen Tieren eher eine grausame Stiefmutter denn Mutter gewesen zu sein, und von einigen nicht die Stiefmutter, sondern höchst barmherzige Mutter [60].»

Er wertet nicht mehr christlich-mittelalterlich, er sieht zwar

«Wir machen unser Leben mit dem Tode anderer» [61],

aber das erfüllt ihn nicht mit Schuldgefühl, beweist ihm nicht den gefallenen und durch Erbsünde verdunkelten Stand des Menschen. Auch diese Erde ist ein Stern, und der Mensch ist, seiner Möglichkeit nach wenigstens, ein Göttliches als Schöpfer, obgleich er der Tierwelt angehört.

«In der Tat, der Mensch weicht vom Tier nicht ab, außer im Akzidentalen (Nichtnotwendigen), durch das er sich als eine göttliche Sache erweist; denn wo die Natur aufhört, ihre Abbilder zu schaffen, dort beginnt der Mensch, aus den natürlichen Dingen, mit Hilfe der Natur, unendliche Bilder zu machen, die dem nicht notwendig sind, der sich gut beschränkt, wie es die Tiere tun; in selbigen Tieren ist dafür keine Anlage zu suchen [62].»

Darum sagt Leonardo:

«Der Maler streitet und wetteifert mit der Natur [63].»

[60] R. 846 MS S. K. M. III Fol. 74 r. siehe M. Herzfeld, op. cit., S. 117.

[61] MS H. II Fol. 41 v. siehe M. Herzfeld, op. cit., S. 117.

[62] Sp. MS W. AN. B. Fol. 13 r. siehe M. Herzfeld, op. cit., 4. Aufl., S. 104/105.

[63] R. 662 MS S. K. M. III Fol. 48 r. siehe M. Herzfeld, op. cit., S. 159.

Aber in diesem Wetteifer und dieser «Göttlichkeit» ist Leonardo nicht luziferisch, sondern der Natur und der Erde in Demut hingegeben. Im Gegensatz zur spekulativen Geist-Himmel-Forderung der Scholastik, die deduktiv und «von oben her» das Leben bestimmte, beugt sich der moderne Mensch in Leonardo nach unten, zur Erde. In dem Satz:

«Jede unserer Erkenntnisse hat ihren Ursprung in der Empfindung» [64],

ist diese Orientierung am tiefsten ausgesprochen, wobei man hier «Empfindung» auch mit «wirkliche Erfahrung» übersetzen könnte, wie aus der Ergänzung Leonardos hervorgeht:

«Wo am meisten Empfindung ist, ist größtes Märtyrertum» [65], d. h. Schmerz und Leiden [66].

Aber auch in dem Bewußtsein seiner göttlichen Schöpferkraft und in der Demut seiner Erdzugewandtheit bleibt Leonardo, der Sohn der mütterlichen Natur, im «Dienst».

Ich werde nicht satt zu dienen» [67], «Kein Hindernis beugt mich», «Jedes Hindernis wird durch Kraft (Strenge) überwunden [68].»

[64] MS Tr. Fol. 20 siehe M. Herzfeld, op. cit., S. 131.
[65] MS Tr. Fol. 6 siehe M. Herzfeld, op. cit., S. 131.
[66] Daß es sich bei Leonardos Bemerkung über die «Empfindung» nicht um eine materialistische Erkenntnistheorie handelt, mag auch sein Aphorismus beweisen: «Die Sinne sind irdisch, die Vernunft steht außerhalb von ihnen, wenn sie betrachtet» (MS Tr. Fol. 33 r. siehe M. Herzfeld, op. cit., S. 131).
[67] R. 685 MS W. P. Fol. 11 v. siehe M. Herzfeld, op. cit., S. 139.
[68] R. 682 MS W. L. Fol. 198 r. siehe M. Herzfeld, op. cit., S. 141.

Und den Satz:

«Kein Werk vermag mich zu ermüden»

setzt er fort:

«Hände, in welche Dukaten und kostbare Steine niederflocken, die ermüden nie zu dienen; aber solcher Dienst ist nur zu eigenem Nutzen und ist nach unserem Vorsatz nicht»,

und schließt mit den stolzen Worten:

«Von Natur aus hat Natur mich so geartet [69].»

Die unerschütterliche Kraft dieses Dienstes lebt von der inneren Wachheit seines höheren Wesens. Es ist die Wachheit des Bewußtseins, die hier als Tätigkeit und Bewegung, als Seelisches, als eigentlicher Kern des Menschlichen und Schöpferischen erscheint. Wie Leonardo sagt:

«Eher Tod als Müdigkeit!»,

«O Schläfer! Was ist der Schlummer denn? Der Schlaf hat Ähnlichkeit mit dem Tode; o warum also machst du nicht solches Werk, daß nach dem Tode du Ähnlichkeit habest mit dem vollkommenen Lebenden, statt lebend durch den Schlaf dich dem elenden Toten gleich zu machen [70]?»

Das von ihm intendierte Werk ist nicht ein Getanes und Vollendetes, wie das Werk des Künstlers oder des Forschers, so groß dieses auch sein mag, sondern das, was im Symbol der «Wachheit», des «Nicht-müde-Seins» erscheint.

Wenn Leonardo sagt:

«Die Leidenschaft des Geistes jagt die Begierden davon» [71],

[69] R. 685 MS W. P. Fol. 11 v. siehe M. Herzfeld, op. cit., S. 139.
[70] MS CA Fol. 76 r. siehe M. Herzfeld, op. cit., S. 141.
[71] MS CA Fol. 358 v. siehe M. Herzfeld, op. cit., S. 140.

so beweist dieser höchst charakteristische Satz, daß es sich bei ihm nicht um Unterdrückung und Verdrängung der Triebwelt handelt und nicht nur um eine Verschiebung der Kräfte auf eine höhere Ebene, sondern um eine Umgruppierung, in der eine genuine Kraft, die Leonardo als «Leidenschaft des Geistes» bezeichnet, die Führung an sich reißt. Denn auch der Geist ist eine echte «Triebkraft» der menschlichen Psyche.

So wie der Heldensohn des Mythos Sohn der Jungfrau-Mutter ist, ist er auch Sohn des in ihr zeugenden Geist-Vaters. Diese «mythologische Situation», die sich — wie bei allen schöpferischen Menschen — im Leben Leonardos in der Suche nach dem «wahren Vater», dem Geistvater, realisiert, führt im Heldenmythos meist zu zwei sich ergänzenden Ereignissen: der «Tötung des kollektiven Vaters», der Überwindung der traditionsgebundenen Wertwelt der Zeit, in welcher der Held lebt, und dem Finden des unbekannten Gottes.

Die Vatertötung drückt sich bei Leonardo in seiner radikal anti-autoritären, anti-scholastischen und anti-konfessionellen Haltung aus, die so stark war, daß er seiner Zeit als durchaus «bedenklich» und sogar — zu Unrecht — als anti-christlich galt. Die revolutionäre Bedeutung des Satzes:

> «Wer disputiert und sich auf Autorität beruft, verwendet nicht seinen Geist, sondern sein Gedächtnis» [72],

ist in ihrer Tragweite nur dann verständlich, wenn man bedenkt, daß nicht nur die Wissenschaft und Medizin seiner Zeit auf der Autorität der Alten, sondern daß auch das ganze religiöse Gebäude des Mittelalters

[72] MS CA Fol. 76 r. siehe M. Herzfeld, op. cit., S. 9.

auf der «Autorität» der Bibel und ihrer Ausleger beruhten. Leonardo folgte zwar mit diesem Protest einem inneren Ruf, der in seiner Zeit vielfach seine Stimme erhob, aber seine gefährliche Nähe zum Ketzertum hat ihn sicher mitveranlaßt, seine Notizen in Spiegelschrift und nur als Bericht an sich selber niederzulegen. Diese Gefahr wird augenfällig, wenn man den Satz Spenglers bedenkt: «Als Leonardo an der heiligen Anna selbdritt arbeitete, auf der Höhe der Renaissance, wurde in Rom im besten Humanistenlatein der Hexenhammer geschrieben [73].»

Ein Teil seiner ketzerischen Haltungen und Gedanken verbirgt sich in seinen Rätseln. So lautet z. B. zu der Lösung: «Vom Klagen am Karfreitag» die Frage:

> «In allen Teilen Europas wird von großen Völkerschaften geweint werden um den Tod eines einzigen Mannes, der im Orient gestorben» [74],

oder es heißt — in vorreformatorischer Zeit! — in dem Rätsel über die Anbetung der Heiligenbilder:

> «Es werden die Menschen mit Menschen reden, die nichts vernehmen, welche die Augen offen haben und nicht sehen; sie werden zu diesen reden und keine Antwort bekommen; sie werden Gnade erbitten von dem, welcher Ohren hat und nicht hört; sie werden Lichter anzünden für den, der blind ist [75].»

Ein bilderstürmerischer Satz, besonders im Munde eines Malers von Madonnen und Heiligenbildern. Er ist nicht weniger revolutionär als das «Rätsel»: «Von den Kirchen und Wohnungen der Mönche»:

[73] O. Spengler, op. cit.
[74] MS CA Fol. 370 r. siehe M. Herzfeld, op. cit„ S. 297.
[75] MS CA Fol. 370 r. siehe M. Herzfeld, op. cit., S. 292.

«Viele werden derer sein, so die Arbeiten und Mühen, die Armut des Lebens und der Besitztümer verlassen und gehen werden, in Reichtümern und triumphierenden Gebäuden zu wohnen und zu zeigen, dieses sei das Mittel, sich zum Freunde Gottes zu machen [76].»

Die anti-autoritäre Haltung des Helden, der das Neue zu bringen hat, ist archetypisch bedingt und nicht, wie Freud es versucht, von dem — obendrein falsch konstruierten — Familienroman Leonardos abzuleiten. So sagt Freud:

«Während bei den meisten anderen Menschenkindern — auch heute noch wie in Urzeiten — das Bedürfnis nach dem Anhalten an irgendeine Autorität so gebieterisch ist, daß ihm die Welt ins Wanken gerät, wenn diese Autorität bedroht wird, konnte Leonardo allein diese Stütze entbehren; er hätte es nicht können, wenn er nicht in den ersten Lebensjahren gelernt hätte, auf den Vater zu verzichten [77].»

Das, was auf die personalistische Ebene bezogen falsch ist, ist — wie so oft bei Freud — auf der archetypischen richtig. Der Geist-Vater des Helden, die innere «pneumatische» Wirklichkeit, der die «Geiergöttin» befruchtende «Wind», ist dem Heldenkind unbekannt. Die Fremdheit zum persönlichen Vater und der Welt, die er vertritt, führt dann den Helden zum «Quest», zur Suche nach dem «wirklichen Vater», der Geistinstanz, von welcher der Held essentiell abstammt.

Während aber die Helden, die «Vater-Söhne» sind, im Drachenkampf zu der Einheitserfahrung gelangen: «Ich und der Vater sind eins», bleiben die «Mutter-Söhne», auch wenn sie ihre Beziehung zum Geist-Vater gefunden haben, immer der Mutter näher, in welcher

[76] MS CA Fol. 370 r. siehe M. Herzfeld, op. cit., S. 302.
[77] S. Freud, Eine Kindheitserinnerung, op. cit.

ihnen die höchste Gottheit erscheint. Nicht selten wird in diesem Falle das väterlich-männliche Prinzip dem mütterlichen, wie es in der matriarchalen Phase die Regel ist, neben- und untergeordnet.

So ist auch in der religiösen Erfahrung Leonardos die väterliche Geist-Gottheit als der neu entdeckte unbekannte Gott — ohne daß es Leonardo bewußt geworden wäre — der Muttergottheit untergeordnet. Als Demiurg, als Werkmeister, Erfinder und Konstrukteur preist Leonardo den schöpferischen Gott, und immer wieder steigt aus der inneren Bewegtheit, in die er durch die Erkenntnis der Natur und ihrer Gesetze gerät, sein religiöses Gefühl auf.

Wenn er ausruft:

> «O bewundernswürdige Gerechtigkeit des ersten Urhebers aller Bewegung, die nicht irgendeiner Kraft die ganze Ordnung und Eigenschaft ihrer notwendigen Wirkungen hatte versagen wollen» [78],

ist seine Formulierung noch durch die zeitgebundene platonisierende Philosophie geprägt. Je enger aber seine Formulierung mit seiner eigenen Forschung verbunden ist, desto bildhafter wird sie auch. Der Satz:

> «Mich lese, wer kein Mathematiker ist, in meinen Grundzügen nicht» [79],

nimmt die Entwicklung der Naturwissenschaften gewissermaßen vorweg, aber er ist nicht Ausdruck der tiefsten Einsicht, deren Leonardo fähig ist.

> «Die Notwendigkeit ist Meisterin und Vormünderin der Natur.»

[78] MS A. Fol. 24 r. siehe M. Herzfeld, op. cit., S. 22.
[79] R. 3, MS W. AN. IV Fol. 163 v. siehe M. Herzfeld, op. cit., S. 3.

«Die Notwendigkeit ist der Grundgedanke und die Erfinderin der Natur, und Zaum für sie und ewige Regel [80].»
«Die Natur bricht ihre Gesetze nicht [81].»

Die Verbindung des Geist-Vaters als Gesetz, als Grundgedanke oder als Vernunft mit der Großen Göttin Natur ist die archetypische Grundlage aller pantheistischen Konzeptionen. So wie mythologisch der Wind in der Geiergöttin zeugt und in ihr die Bewegung und das Geist-Gesetz des in ihr Lebendigen darstellt, so heißt es auf der höheren entsprechenden Erkenntnisstufe Leonardos:

«Die Natur ist unter dem Zwang der vernünftigen Ursache des Gesetzes, das in ihr ausgegossen lebt» [82],

wobei in dem Bild des «Ausgegossenseins» noch das mythologische Bild des Geist-Samens deutlich nachklingt.

Wir stoßen hier auf eine seltsame Ähnlichkeit Leonardos mit dem sonst so anders gearteten Spinoza. Das bezieht sich nicht nur auf die von Leonardo geahnte «mathematische Methode» und auf das ja auch bei Spinoza nicht materialistisch konzipierte: deus sive natura, sondern besonders auf das Prinzip der «Liebe aus Erkenntnis», das beiden als die höchste Form menschlicher Verwirklichung erscheint. Leonardo sagt:

«Denn jenes ist die Weise, den Werkmeister so vieler bewundernswerter Dinge kennen zu lernen, und dies der Weg, einen so großen Erfinder zu lieben. Die große Liebe wird aus der großen Erkenntnis des Gegenstandes geboren, den du

[80] R. 1135. MS S. K. M. III Fol. 49 r. siehe M. Herzfeld, op. cit., S. 12.
[81] MS E. Fol. 43 v. siehe M. Herzfeld, op. cit., S. 12.
[82] MS C. Fol. 23 v. siehe M. Herzfeld, op. cit., S. 12.

liebst, und wenn du ihn nicht kennst, wirst du ihn wenig oder gar nicht lieben können [83].»

Und wie ein Echo antwortet Spinoza fast 150 Jahre später:

«Und die wahre Liebe entspringt immer aus der Erkenntnis davon, daß ihr Gegenstand herrlich ist und gut [84].»

Diese «gnostische» Haltung der Liebe durch Erkenntnis [85] gegenüber dem Geist-Vater steht im Gegensatz zu dem unbewußten Gefühlston in der Beziehung zur Großen Mutter, wie sie aus den Worten der stolzen Dankbarkeit Leonardos spricht:

«Von Natur aus hat Natur mich so geartet.»

Seine Verbundenheit mit der Natur ist das Direkte und Erste, die Liebe aus Erkenntnis das Abgeleitete und Zweite, ganz in der gleichen Art wie die Mutter für das Kind das Direkte und Erste, der Vater das Abgeleitete und Zweite ist.

Erst wenn wir diese inneren Entwicklungen, Orientierungen und Erfahrungen Leonardos begreifen, können wir uns ein Bild der Einsamkeit machen, in welcher er in seiner Zeit gelebt hat. Die Situation des Heldensohnes, der sich als Sohn eines in seiner zeitgenössischen Welt unbekannten Geist-Vaters erfährt, ist immer die des gnostischen «Seins in der Fremde». Aber diese gnostisch-einseitige Konstellation wird bei Leo-

[83] Aus dem «Traktat von der Malerei», herausgegeben und eingeleitet von M. Herzfeld, S. 54.

[84] Spinoza, Von Gott, dem Menschen und seinem Glück, nach Nachmansohn, Zur Psychologie des mystischen Erlebens.

[85] Den Übergang zu Spinoza bildet die Liebes-Philosophie der Renaissance, deren bedeutendster Vertreter Leone Hebräus ist. Seine Dialoghi d'Amore erschienen 1535.

nardo dadurch kompensiert und kompliziert, daß er als «Sohn der Mutter» diesseitig und im tiefsten Sinne lebensbejahend war. Dieser zentrale Konflikt erklärt die Zweideutigkeit und Gespaltenheit seines Daseins. Er, der Illegitime, bewegt sich zwischen dem Adel, den Fürsten, Königen und Päpsten seiner Zeit in der einsamen Aristokratie des Genies, das zwar von ferne bewundert, aber von niemandem verstanden und geliebt wird.

Leonardo sieht im Menschen das große und vollendete Werk der Natur; so schreibt er als Randbemerkung zu anatomischen Zeichnungen und Erklärungen:

«Und du, o Mensch, so du in dieser meiner Arbeit die wunderbaren Werke der Natur betrachtest — wenn du es als eine ruchlose Sache urteiltest, meine Mühe zu zerstören, dann überlege, wie es ruchloseste Sache ist, einem Menschen das Leben zu nehmen, von welchem Menschen, wenn diese seine Zusammensetzung dir von wunderbarer Kunstfertigkeit scheint, bedenke, daß dieses nichts ist im Vergleich zu der Seele, die in solchem Bauwerke wohnt, und wahrhaftig, was immer sie sei, es ist eine göttliche Sache, die sie in ihrem Werke nach Gutdünken wohnen läßt, und wolle nicht, daß dein Zorn oder Böswilligkeit dergleichen Leben zerstöre; denn in der Tat, wer es nicht achtet, der verdient es nicht [86].»

Aber gerade diese Hochachtung vor dem Menschen erfüllt ihn mit liebloser Verachtung gegen den Pöbel, welcher die schöpferische Ebenbildlichkeit nicht erfüllt:

«Es scheint mir nicht, daß grobe Menschen von schlechten Sitten und geringem Urteil ein so schönes Instrument, noch solche Vielfältigkeit der inneren Einrichtung verdienen wie die nachdenklichen Menschen von großen Kenntnissen, sondern

[86] Sp. MS W. A. Fol. A 2 r. siehe M. Herzfeld, op. cit., S. 137.

bloß einen Sack, der die Nahrung aufnimmt und aus dem sie wieder hinausgeht; denn in Wahrheit, für anderes als für einen Durchgang von Speisen können sie nicht erachtet werden, weil sie durch nichts, scheint mir, an der menschlichen Spezies Anteil haben als etwa durch die Stimme und die Gestalt, und alles andere ist viel weniger als Vieh [87].»

Der gleiche Leonardo, der die Schonung des Lebens forderte, der Vegetarier gewesen ist [88], und von dem es heißt, er habe — noch in seiner Armut — Vögel auf dem Markt gekauft, um sie frei zu lassen, der gleiche Leonardo hat Frösche viviseziert, schauerlichste Kriegsmaschinen konstruiert und sich als ihr Erfinder angepriesen; er hat zu Cesare Borgias engerem Stab gehört, zum Tode Verurteilte zeichnend begleitet und ihre Physiognomie studiert, und der Maler einzigartiger beseelter Schönheit hat in unübertroffener Weise im menschlichen Gesicht das häßlich Tierhafte, Böse und Stumpfe erkannt und erstmalig den Menschen als Affen, als Karikatur seiner selbst, gesehen.

So lebte Leonardo in leidender Ausgespanntheit zwischen den Gegensätzen von Himmel und Erde und war in seinem Jenseits von Gut und Böse einsam wie kaum ein schöpferischer Mensch vor Nietzsche. Denn auch mit seinen genialen Zeitgenossen verband ihn nichts. Er war der titanischen Werkbesessenheit Michelangelos ebenso fremd wie der problemlosen Geglücktheit Rafaels, neben deren Ruhm der «unzuverlässige» und problematische Nie-Vollender nicht nur wie ein Außenseiter sondern fast wie ein Ausgestoßener lebte. Dabei aber war Leonardo bei aller Vielseitigkeit und trotz

[87] Sp. MS W. AN. B. Fol. 21 v. siehe M. Herzfeld, op. cit., S. 105.

[88] Q. L. Douglas, Leonardo da Vinci, His Life and his Pictures.

seiner verzweifelten Unfähigkeit, sich in irgendeinem Einzelnen zu erfüllen, nie in Unruhe, nie gejagt. Er war alles andere als eine «problematische Natur» im gewöhnlichen Sinne oder gar als ein Kranker, der «unfähig» ist, sein Werk zu tun.

Die Aufgabe, die er sich stellte, in der Kunst das Gesetzmäßig-Notwendige des Geistes, den er in den Maßen und Proportionen des Körpers zu fassen suchte, mit der schöpferischen Spontaneität der Schönheit der Natur zu vereinigen, war so ungeheuer und paradox, daß sie notwendigerweise fast nur zum Versuch und zum Fragment führen konnte. In gleichem Sinne stellte er sich die paradoxe Aufgabe, die Unendlichkeit des Raumes mit der offenen, d. h. nicht durch feste Grenzen eingeschränkten menschlichen Gestalt, die Tiefe des Hintergrundes mit der Fülle des Vordergrundes und die Gegensätze von Licht und Dunkel in ihren Übergängen zu einer höheren Einheit zu bringen.

> «Leonardo beginnt mit dem Innen, dem Räumlich-Seelenhaften, nicht mit abgewogenen Umrißlinien, und legt zuletzt ... die farbige Substanz wie einen Hauch über die eigentliche körperlose ganz unbeschreibliche Fassung des Bildes [89].»

Auch hier geht es um die Synthese von Geist und Natur, von Unendlichem und Endlichem, von der unsichtbaren Wirklichkeit der sichtbar gewordenen Seele und der greifbaren Wirklichkeit des im Raum unbegrenzten Körpers. Von der Paradoxie dieser Probleme erfaßt und ihnen mit der ganzen Leidenschaft seiner Natur hingegeben, ist Leonardo aber trotz alledem gleichzeitig von ihnen distanziert, so wie er auch von sich selber distanziert ist. Das kommt am deutlichsten

[89] O. Spengler, op. cit.

in der seltsamen Form seiner Aufzeichnungen zum Ausdruck, in denen er niemals schreibt: «ich will», «ich sollte» usw., sondern wie eine fremde Stimme zu sich selber spricht: «du mußt», «du sollst» usw. Gerade diese Distanz, dieser unermüdliche und in aller Leidenschaft der Arbeit niemals verlorene Versuch zur Mitte zwischen den Gegensätzen, die in ihrer ganzen Tiefe und Stärke erfahren und erlitten werden, ist das Einzigartige an der Gestalt Leonardos.

Er setzt sich allem aus, er ist Sohn der Mutter ebenso wie des Vaters, und leidend erfährt er an sich selber die Durchkreuzung der Geist-Senkrechten des mittelalterlichen Menschen und des himmlischen Vaters durch die Horizontale des erdgebundenen und erdzugewandten Menschen der Moderne und der Großen Mutter. Gerade in dieser Durchkreuzung von Himmel und Erde, dem Kreuz des modernen Menschen [90], findet Leonardo die neue Stellung des Menschen zwischen den Gewalten.

Ein Ausdruck dieses Kampfes und dieser Synthese der Gegensätze ist, so scheint uns, sein Abendmahl. In der Christusgestalt dieses Bildes ist die Synthese von Gott und Mensch, von Oben und Unten, in einer ganz neuen Weise erfaßt und gestaltet. Der Gottmensch inmitten der Jünger ist hier das archetypische und zugleich wirklich-irdische, d. h. aber menschlich inkarnierte Bild des Urmenschen. Er ist das Bild dessen, was der Mensch «wirklich und wesenhaft» ist. Leonardos Christus ist kein Leidender, kein Schmerzensmann, er ist aber auch nicht mehr der Christus des Johannesevangeliums. Er ist menschlicher, denn er ist die Mitte des Menschlichen selber, um den als Mitte die Jünger in

[90] C. G. Jung, Aion, 1951.

der Vielfalt der Temperamente der menschlichen Natur dramatisch und doch harmonisch gruppiert sind. Er ist nicht nur der «Mann aus dem Orient» und der Einsame, nicht nur der jünglingshafte Gott-Mensch, er ist die Verklärung alles Menschlichen, die Einsamkeit des Wissenden, zugleich aber ist in seinen ausgebreiteten Armen die empfangende Stille dessen lebendig, der sich der Notwendigkeit eines Geschehens ergibt, das er selber ist.

Man weiß, wie lange und mit welcher trotz seines fragmentarischen Werkes für ihn charakteristischen Ausdauer Leonardo um dieses Werk gekämpft hat. Daß er das Antlitz des Christus unvollendet gelassen hat, ist nur der Beweis dafür, daß er seinem inneren Bild, unbekümmert um die Vollkommenheitsforderung der Menschheit und seiner Zeit, treu blieb. Dieses Menschenbild, das Leonardo als erstem erschien, mußte unvollendet bleiben, denn das Unvollendete gehört zum Wesen des Menschlichen und Irdischen, so wie Leonardo es als vielleicht erster moderner Mensch schmerzhaft in dem Leiden an seiner eigenen Existenz erfahren hat.

Aber die Auseinandersetzung mit der Geiermutter, dem zentralen Thema in Leonardos Leben, kam in ihm nicht zur Ruhe und führte ihn, als er schon ein Mann von fünfzig Jahren war, zu höchsten und letzten Gestaltungen nicht nur der europäischen Malerei, sondern der gestalteten Inkarnation des Weiblichen überhaupt.

Die Mona Lisa und die heilige Anna selbdritt sind der unvergleichliche Ausdruck dieser Epoche, in der das Weibliche sich durch Leonardo im Abendlande in einer neuen und gewissermaßen endgültigen Form manifestiert.

Nicht zufällig hat die Mona Lisa Jahrhunderte hindurch unzählige Tausende von Menschen fasziniert, und nicht ohne Grund nimmt dieses Bild in der gesamten europäischen Malerei einen einzigartigen Platz ein. Warum aber gilt gerade die Mona Lisa unter den unzähligen Frauenbildnissen der europäischen Malerei als die Verkörperung des rätselhaften Weiblichen an sich, und warum verführt dieses Lächeln immer wieder zu Deutungen, als ob in ihm dem modernen Menschen eine Frage gegenübertritt, die zu beantworten ist?

In diesem Bild erscheint das Weibliche in einzigartiger Weise nicht als Himmelsgöttin oder als Erdmutter, sondern als ein Seelisches, Menschliches, in dem Himmlisches und Irdisches zu einer neuen Synthese kommen.

Das Vieldeutige und Unbestimmbare, Schwebende und Mystische, Faszinierende und von einer geheimnisvollen Sinnlichkeit Erfüllte gehört zur Mona Lisa, aber man könnte ebensogut sagen, es erscheine an ihr. Denn in der Unendlichkeit des Hintergrundes, den Übergängen der Farben, dem Verschmelzen von Licht und Schatten lebt ein Seelisches, das sich ebenso in der Mona Lisa wie in der Landschaft, in der unbeschreiblichen Einheit des Bildes ebenso wie in jedem seiner Details, den Händen, dem Lächeln, den Bergen des Hintergrundes oder dem Schlangenweg, der zum Geheimnis der blauen Seen führt, verkörpert.

"The presence that thus rose so strangely beside the waters, is expressive of what in the ways of a thousand years men had come to desire. Hers is the head upon which all 'the ends of the world are come', and the eyelids are a little weary. It is a beauty wrought by from within upon the flesh, the deposit, little cell by cell, of strange thoughts and fantastic reveries and exquisite passions. Set it for a moment beside one of those white Greek goddesses or beautiful women of antiquity, and how would they be troubled by this beauty, into which the soul with all its maladies has passed! All the thoughts and experience of the world have etched and moulded there, in that which they have of power to refine and make expressive the outward form, the animalism of Greece, the lust of Rome, the reverie of the middle age with its spiritual ambition and imaginative loves, the return of the Pagan world, the sins of the Borgias. She is older than the rocks among which she sits; like the vampire, she has been dead many times, and learned the secrets of the grave; and has been a diver in deep seas, and keeps their fallen day about her; and trafficked for strange webs with Eastern merchants; and, as Leda, was the mother of Helen of Troy, and, as Saint Anne, the mother of Mary; and all this has been to her but as the sound of lyres and flutes, and lives only in the delicacy with which it has moulded the changing lineaments, and tinged the eyelids and the hands. The fancy of a perpetual life, sweeping together ten thousand experiences, is an old one; and modern thought has conceived the idea of humanity as wrought upon by, and summing up in itself, all modes of thought and life. Certainly Lady Lisa might stand as the embodiment of the old fancy, the symbol of the modern idea [91].»

Das Gegensatzverbindende und Unbestimmbare, Sanfte und Grausame, Ferne und Nahe, Gegenwärtige und zugleich Zeitlose, das Pater in diesem fast magisch zauberhaften Bild Leonardos erfaßt hat, entspricht ganz dem, was später die Tiefenpsychologie als archetypisches Seelenbild des Weiblichen, als Anima, entdeckt hat. Und es ist höchst sinnvoll, daß es nur Leonardo, der sich von der Wirklichkeit aller irdischen Bindungen befreit hatte, geglückt ist, diese Seelengestalt des Weiblichen zu beschwören. In Mona Lisa erschien dem Fünfzigjährigen die unsterbliche Geliebte als Sophia, als unfaßbares und überwirkliches Gegenüber.

[91] W. Pater, Studies in the History of the Renaissance, 1873.

Wie es in der valentinischen Gnosis heißt: «Aus dem Lächeln der Sophia ist die Weltseele geboren» [92], so ist mit dem Lächeln der Mona Lisa die Seele des modernen Menschen geboren worden, in der sich Madonna und Hexe, Irdisches und Göttliches vereinigen [93].

Der Durchbruch, der in Leonardos Begegnung mit Mona Lisa erfolgte, führte in seinem Leben zum Sieg des Eros über den Logos, der Liebe über das Wissen, und der in jedem anderen Munde banale Satz: «Liebe siegt über alles» [94] klingt bei Leonardo, für den die Liebe aus der Erkenntnis geboren war, wie eine neue Einsicht.

Alle großen Bilder Leonardos nach der Mona Lisa sind im Zeichen dieses Eros zu verstehen, der Leonardos Leben verwandelt und erneuert hat. Das wird am deutlichsten an der heiligen Anna selbdritt (Abb. II), in welcher er die Gestalt der Heiligen Mütter in großartiger Weise neu konzipiert hat.

Zu der matriarchalen Gruppe in Eleusis gehört neben die Einheit von Mutter und Tochter, Demeter und Kore, als Drittes die göttliche Tochter oder der göttliche Sohn [95]. In den christlichen Bildwerken der heiligen Anna selbdritt tritt diese matriarchale Grundfigur mitten in den sonst überwiegend patriarchal-christlichen Raum. Deswegen wird die Gruppe von Anna, Maria

[92] J. Quispel, Gnosis als Weltreligion, 1951.

[93] Auch dieses Bild, an dem Leonardo vier Jahre gearbeitet hat, blieb unvollendet. Mona Lisa starb plötzlich. Leonardo, der sich bis ans Ende seines Lebens nicht von ihrem Bild getrennt hat, mag in der Rätselhaften auch die Verbindung von Tod und Leben erfaßt haben, welche wie ein Schleier von Unwirklichkeit auf dem Antlitz der 26jährigen ruht.

[94] MS CA Fol. 344 r. siehe M. Herzfeld, op. cit., S. 149.

[95] Jung-Kerényi, Einführung in das Wesen der Mythologie, 3. Aufl., 1951.

und Jesus, Mutter, Tochter und Enkelsohn seltsamerweise häufig so dargestellt, daß die Maria mit dem Sohn als kleine Figur wie ein Kind auf dem Arm ihrer Mutter sitzt. Auf diese Weise erscheint die heilige Anna als allumfassender Ursprung der Generationenfolge, als eine im Christentum fortlebende Form der «Großen Mutter» [96].

Nach ihrer Heiligengeschichte gehört Anna zu der archetypischen Gruppe der Frauen, die — mit dem irdischen Manne unfruchtbar — von der Gottheit befruchtet werden. Die ursprüngliche mythologische Zeugung durch den Gott wird später meist durch die Verheißung des Gottes an die unfruchtbare Frau abgelöst. Daß die heilige Anna nach der Legende drei Männer geheiratet, eine Unzahl von Heiligen geboren hat und die Patronin der Geburten und der Bergwerke ist, weist auf ihren ursprünglichen Fruchtbarkeitsaspekt als Erdmutter hin. Über einem roten Unterkleid, dem Symbol der Liebe, trägt sie in der christlichen Malerei den grünen Mantel der Natur im Gegensatz zu dem blauen Mantel der Maria, welche die Sophia-Geist-Seite vertritt.

Noch bei Masaccio umfängt die den Hintergrund füllende Figur der heiligen Anna in ihrer bergenden Haltung mit den wie bei den Schutzmantelmadonnen ausgebreiteten Armen Maria und Kind.

In den symbolischen Figuren von Anna und Maria wird der für den Archetyp des Großen Weiblichen typische Gegensatz von «Elementar»- und «Wandlungscharakter» sichtbar. Dabei entspricht der Elementarcharakter — vereinfacht — dem Mütterlichen, Enthaltenden, Gebärenden, Nährenden und Schützenden, der

[96] Diese Entdeckung verdanken wir Frau Fröbe-Kapteyn, der Gründerin des Eranos-Archivs in Ascona.

Wandlungscharakter in seiner höchsten Form dem, was als Sophia-Seite des Weiblichen erscheint.

Die historischen Umstände, die dazu führten, daß Leonardo im Jahre 1500 in Florenz den Auftrag des Bildes für die Heilige Anna erhielt, sind nicht ohne Interesse. Dies Bild wurde von den «servi di Maria» für die Kirche «Santissima Annunziata» bestellt, und dieser Auftrag hatte einen theologischen Hintergrund, der Leonardos tiefsten unbewußten Tendenzen in überraschender Weise entgegenkam.

"During that period, the religious orders that were devoted to the cult of Mary had stressed the importance of the doctrine of immaculate Conception. The acceptance of this dogma led, in the course of time, to the adoption of the thesis that the virgin mother was a woman of great sanctity. The old legends that told that St. Anne had three husbands and three daughters became more and more discredited. This movement in Catholic theology reached its culmination point in 1494, on the publication of a book in praise of St. Anne, by a famous German scholar, Johannes Trithemius, Abbot of Sponheim [97]. St. Anne, wrote the author, was chosen by God for her appointed service before the foundation of the world. She conceived 'without the action of man', and was as pure as her daughter. 'Why then', Trithemius asks, 'do we not honour the mother as we honour the daughter' [98]?"

Daß die Lehre von der Jungfrauschaft Annas später von der Kirche verworfen wurde, ist für unseren Zusammenhang ohne Belang. Für Leonardo bedeutete die theologische Auffassung eine Möglichkeit, das in seinem Unbewußten schlummernde Bild des Großen Weiblichen dem Bewußtsein anzunähern und die Einheit

[97] J. Thritemius, De laudibus Sanctissimae Matris Annae tractatus, Mainz, 1494.
[98] Q. L. Douglas, op. cit.

des Mutter-Tochter-Archetyps in der Einheit Anna und Maria darzustellen.

Auch auf Leonardos Bild scheint zunächst das übliche Bildschema gewahrt. Die heilige Anna umfaßt in ihrer Silhouette die auf ihren Knien sitzende Maria, beide bilden eine Einheit. Man ist auf dem — anders komponierten — Karton Leonardos zur heiligen Anna (Abb. III) fast verführt, von einer zweiköpfigen Gestalt zu sprechen. Diese «Verdichtung» der Gestalten der «zwei Mütter» zu einer, auf welche schon Freud [99] hinweist, entstammt einer archetypischen Konstellation. Sie ist für den Mythos, in welchem der Held eine irdische und eine himmlische Mutter [100] besitzt, charakteristisch.

Während aber im allgemeinen die heilige Anna als Mutter, Maria als Tochter dargestellt wird, leuchten die Gestalten Leonardos wie Zwillingsfiguren des Weiblichen in ewiger Jugend. Auch sie könnten wie die eleusinische Demeter und Kore «Die Göttinnen» heißen. Dabei kommt es aber bei Leonardo zu einer seltsamen Vertauschung. Die zum Kinde heruntergebeugte Maria vertritt als Mütterlich-Haltende den Elementarcharakter des Weiblichen, die lächelnde heilige Anna aber gehört zum Geist-Wandlungsraum der Sophia, der hier noch bedeutungs- und geheimnisvoller als bei der Mona Lisa als Hintergrund erscheint.

Diese Umkehrung, in welcher der Sophia-Geist-Wandlungscharakter den Elementarcharakter des Mütterlichen überwiegt, ist der symbolische Ausdruck einer archetypischen Situation, die nicht nur für Leonardo,

[99] S. Freud, Eine Kindheitserinnerung, op. cit.
[100] Oft, aber nicht immer, verbindet sich mit diesen auch der Gegensatz von Gut und Böse.

Abbildung III

Die Heilige Anna selbdritt (Louvre, Paris)

Abbildung IV

Bacchus (Louvre, Paris)

sondern mit ihm für den modernen Menschen überhaupt charakteristisch zu sein scheint.

Wo der Elementarcharakter des Weiblichen dominiert, wie z. B. in matriarchal betonten Epochen, besteht eine relativ statische psychische Welt, denn die Dominanz der «Großen Mutter» besagt nicht nur eine Herrschaft des Unbewußten über das Bewußtsein [101], sondern auch eine relativ stabile Situation. Derartige Kulturen sind konservativ und in gewissem Sinne sogar reaktionär, weil die Instinktseite des Unbewußten, welche der Archetyp der Großen Mutter vertritt, ein festes Gefüge unbewußter Verhaltensweise diktiert, in welcher der Initiative und Aktivität des Ich und des Bewußtseins, d. h. der männlichen Seite, nur geringer Spielraum gewährt wird. Die Ich-Bewußtseins-Entwicklung des Helden stellt ja im Gegensatz zu einer Situation, in der die Große Mutter über den Jünglings-Geliebten dominiert, einen «Neu-Versuch» des Psychischen dar. Wo aber der Elementarcharakter des Weiblichen dominiert, ist das Jünglingshaft-Männliche — mythologisch formuliert — nur «saisonbedingt», d. h. es ist zu einem frühen Tode verurteilt, und das Unbewußte assimiliert jede Aktivität des Ich, indem es sie für sich verwendet, ohne sie zur Wirklichkeit einer selbständigen Bewußtseinswelt ausreifen zu lassen.

Die Dominanz des Wandlungscharakters über den Elementarcharakter besagt dagegen, daß im Gegensatz zum «Enthaltensein» z. B. des mittelalterlichen Menschen in der Mutter Kirche von nun an die Wandlung des Bewußtseins und der Gesamtpersönlichkeit das eigentliche Motto der abendländischen Entwicklung sein wird.

[101] Verf. Ursprungsgeschichte, op. cit.

Das synchronistische Anschwellen der alchemischen Literatur, die, wie Jung nachgewiesen hat [102], Ausdruck des Versuchs ist, das innere Wandlungsgeschehen der Seele zu erfassen, ebenso wie viele andere «Zeichen der Epoche», z. B. die Reformation, weisen darauf hin, daß der Schwerpunkt des Psychischen sich auf den Einzelnen zu verschieben beginnt. Man hat die Renaissance nicht zu Unrecht die Zeit der Entdeckung des Individuums genannt. In den nachfolgenden Jahrhunderten beginnt in Politik, Kunst, Literatur, Soziologie und Psychologie der Einzelne und sein Schicksal, die Problematik seines Enthaltenseins in der Kollektivpsyche — im Kollektiv außen und innen — immer mehr in den Vordergrund zu treten.

Die unermüdliche Bewegtheit in Leonardos Existenz, die Selbstverständlichkeit, mit der er bei keinem Werk und bei keiner Erkenntnis stehen bleibt, sondern fortlaufend sich verändert, ist der Ausdruck dieser Unruhe des modernen Menschen, dem das Geheimnis der inneren Unendlichkeit der Psyche lebendig zu werden beginnt.

Diesen Wandlungscharakter hat W. Pater nicht zufällig gerade in den weiblichen Figuren Leonardos, der Mona Lisa und den heiligen Frauen entdeckt, von denen er sagt:

"... They are the clairvoyants, through whom, as through delicate instruments, one becomes aware of the subtler forces of nature, and the modes of their action, all that is magnetic in it, all those finer conditions wherein material things rise to that subtlety of operation which constitutes them spiritual, where only the finer nerve and the keener touch can follow: it is as if in certain revealing instances we actually saw them

[102] C. G. Jung, besonders in: Psychologie und Alchemie.

at their work on human flesh. Nervous, electric, faint always with some inexplicable faintness, they seem to be subject to exceptional conditions, to feel powers at work in the common air unfelt by others, to become, as it were, receptacles of them, and pass them on to us in a chain of secret influences [103]."

Wenn in dem Bilde Leonardos die Tochter, die das Erlöserkind gebiert, als Elementarcharakter der heiligen Anna untergeordnet ist, diese aber die Große Mutter und die Geistwandlerin ist, so tritt hier eine archetypische Konstellation in Erscheinung, deren umwälzende Bedeutung wir auch heute noch nicht adäquat erfassen können.

Erst bei Goethe finden wir als einzigem abendländischen Menschen nach Leonardo die gleiche Individuationstendenz in der unendlich bewegten Einheit von Leben und Werk. Nicht zu Unrecht hat man ja in Leonardo den «Faustischen Menschen» sehen wollen. In Goethes Faust kommen die archetypischen Konstellationen, die durch Leonardo Gestalt gewonnen haben, zu ihrer bewußten Formulierung. So heißt es bei Goethe allgemein im Sinne des Wandlungscharakters von den Müttern:

«Gestaltung, Umgestaltung, des ewigen Sinnes ewige Unterhaltung».

Aber auch die Konstellation der heiligen Anna selbdritt kehrt am Ende des zweiten Teils des Faust wieder. Der Doppelgestalt von Anna-Maria, welche den Sohn zur Höhe hebt, entspricht das mit der Maria verbundene Ewig-Weibliche, das den Faust-Knaben «hinan»zieht. Und so wie die Geiergöttin die Himmelsgöttin ist und das Haupt der heiligen Anna auf Leo-

[103] W. Pater, op. cit.

nardos Bild in die ätherische Himmelswelt hineinragt, heißt es bei Goethe:

«Höchste Herrscherin der Welt
Lasse mich im blauen
Ausgespannten Himmelszelt
Dein Geheimnis schauen.»

Die Einheit der matriarchalen Gruppe von Anna, Maria und Kind mit dem Geier, dem archetypischen Symbol der Großen Mutter, tritt seltsamerweise, wenn auch in versteckter Form, sogar im Bilde Leonardos auf. Es handelt sich dabei um eine Entdeckung von Pfister [104]:

«Er hat in der eigentümlich gestalteten und nicht leicht verständlichen Gewandung der Maria die Kontur des Geiers aufgefunden und deutet sie als unbewußtes Vexierbild.»

Verständlicherweise verbinden Freud und Pfister das unbewußte Geheimnis der Geierfigur mit der Kindheitserinnerung Leonardos. Auch auf dem Bild ist der Schwanz des Geiers, wie in der Geierphantasie, über dem Munde des Kindes, das seinen Kopf nach oben wendet, während es das auf der Erde ruhende Lämmchen hält.

Wenn wir die rechte Kante des großen Dreiecks verfolgen, in dem Leonardo, wie in der Grottenmadonna, die Figuren des Bildes aufgebaut hat, erhalten wir eine aufsteigende Reihe von Symbolfiguren, welche den gesamten Umkreis der matriarchalen Welt, die Beziehung der Großen Muttergöttin zur Welt und zum Menschen, umfaßt: die Erde, das Lamm, das Erlöserkind, den Geier, Maria und über ihnen das lächelnde Antlitz

[104] S. Freud, Eine Kindheitserinnerung, op. cit.

der heiligen Anna, umgeben von der Firnlandschaft geisthaft blauer Berge und einem ätherischen Himmel, in dem das Blau dieses Geistgebirges sich auflöst.

Gerade die unsakrale Gestaltung Leonardos, in der das Menschliche anscheinend ganz im Vordergrund steht, enthüllt das Geheimnis der Moderne, für welche die archetypische Symbolik mit der irdischen Wirklichkeit identisch zu sein scheint. Die Einheit von Irdischem und Göttlichem wird als menschliches Leben im Symbol erfahren, und die antike ebenso wie die mittelalterliche Spaltung in eine obere Himmels- und eine untere Erdwelt wird von einer neuen anthropozentrischen Erfahrung abgelöst [105].

[105] Verf. Die Bedeutung des Erdarchetyps, op. cit.

Ob Maria als Himmelsgöttin verehrt wurde, oder aber als unteres Gefäß, als irdische Gebärerin eines von oben in sie eintretenden Gottes galt, in beiden Fällen war das Menschliche vom Göttlichen getrennt, in keinem kam die irdisch-menschliche Mittelzone mit der des Göttlichen zur Überdeckung. Deswegen blieb im Christentum das Menschliche immer der Sünde verfallen und der Gnade bedürftig. In dem Maße, wie das Menschlich-Seelische zum Geschehensort der göttlichen Geschichte wird, oder besser als dieser Geschehensort sichtbar wird, bekommt das Menschliche eine neue Wertung, die wir als «anthropozentrisch» bezeichnen, weil erst in ihr die Bezogenheit und Angewiesenheit des Göttlichen auf das Menschliche deutlich wird.

Bei Leonardo ist nichts von alledem reflektiert, nichts davon tritt in direkter Form in seinen Überlegungen auf. Aber das Unsakrale seiner Darstellung [106] wird durch eine neue Numinosität des Menschlichen kompensiert, die das Faszinierende seiner Gestaltung ausmacht.

In diesem neuen, aber noch nicht voll bewußten Weltbilde gewinnt das Weibliche als Träger des Seelischen seinen alten Rang als das Leben und Geist gebärende Daseinsprinzip wieder zurück. Deswegen bestimmen die Göttinnen mit dem Sohn, dem seine irdische Natur als Lamm untergeordnet ist, das neue menschliche Seelenbild stärker als der Geist-Vater des Mittelalters. Der Sohn der heiligen Anna selbdritt ist — wie bei fast allen Renaissance-Madonnen — nicht das von einem grausamen Gott verlassene, am Kreuz verblutende und der

[106] Aus diesem Grunde ist die englische Grottenmadonna mit dem Heiligenschein als Schülerarbeit anzusehen, nicht das Bild im Louvre.

Menschheit dargebrachte erlösende Schlachtopfer, sondern das «göttliche Kind» [107], das im Lächeln der Mütter lebt und, das Gesicht ihnen zugewandt, die oberste Sophia mit der fruchtbringenden Erde verbindet. Er spielt mit dem Lamm, dem tierischen kindlichen Leben der Erde und der Menschheit, das er später als guter Hirt behütet. Aber auch als guter Hirte, dem die Herde anvertraut ist, bleibt er der Sohngeliebte dieser Mütter, der Bringer des göttlichen Heiles, der Geist-Sohn der Sophia, welche das von ihr geborene Leben nicht nur hält und schützt, sondern auch wandelt, steigert und erlöst.

In dieser Sophia mit ihrem geheimnisvollen Lächeln lebt die neue und höchste Erfahrung des Eros, die der einsame und alternde Leonardo gewonnen hat.

Daß unsere Verbindung der Mona Lisa und der heiligen Anna mit der Gestalt der Sophia keine zufällige und willkürliche ist, geht nicht nur daraus hervor, daß es nach Mereschkowski eine Zeichnung Leonardos gibt, auf der die Maria den kleinen Christus Geometrie lehrt. Überzeugender ist, daß von allen folgenden Bildern Leonardos das Mysterienlächeln der Mona Lisa nicht mehr verschwindet; sie alle sind geeint durch das Erlebnis der Sophia. So scheinen die beiden letzten bedeutenden Bilder Leonardos, der Johannes und der ihm nahe verwandte Bacchus, das Motiv der Verbindung des Göttlichen Sohnes mit der Mutter in geheimnisvoller Weise weiterzuführen.

Leonardos Johannes (Abb. V), der mit einem mystischen Lächeln nach oben weist, ebenso wie der «Bacchus» (Abb. IV) haben einen seltsam gelösten und rätselhaften Ausdruck. Selbst Freud, dem, wie er selber

[107] Jung-Kerényi, Einführung, op. cit.

wußte, das «ozeanische Gefühl», damit aber auch der Sinn für alles Religiöse und für jede tiefere Kunst abging, ist von diesen Bildern in einer Weise ergriffen, deren Ausdruck in seinem Werk einzigartig ist. Er schreibt:

«Diese Bilder atmen eine Mystik, in deren Geheimnis einzudringen man nicht wagt»,

und er sagt weiter:

«Die Gestalten sind wieder mannweiblich, ... es sind schöne Jünglinge von weiblicher Zartheit mit weiblichen Formen; sie schlagen die Augen nicht nieder, sondern blicken geheimnisvoll triumphierend, als wüßten sie von einem großen Glückserfolg, von dem man schweigen muß; das bekannte berückende Lächeln läßt ahnen, daß es ein Liebesgeheimnis ist. Möglich, daß Leonardo in diesen Gestalten das Unglück seines Liebeslebens verleugnet und künstlerisch überwunden hat, indem er die Wunscherfüllung der von der Mutter betörten Knaben in solch seliger Vereinigung von männlichem und weiblichem Wesen darstellte [108].»

Von dem Lächeln der Mona Lisa wurde gesagt:

«Die Männer nennen es geheimnisvoll, denn sie stehen außerhalb der Gemeinschaft der Frau mit dem Erzeuger-Gott, die das Lächeln hervorruft [109].»

Diese Bemerkung scheint nicht ausreichend, wie das Lächeln dieser Gott-Jünglinge beweist, in denen Christliches und Heidnisches auf einer höheren Ebene überwunden ist. Auch ihr Lächeln ist ja das Symbol des «Liebesgeheimnisses», das zwischen ihnen und der Großen Mutter spielt. Beide Partner dieses Geheimnisses,

[108] S. Freud, Eine Kindheitserinnerung.

[109] F. du Bois-Raimond, Über die archetypische Bedingtheit des erstgeborenen Sohnes und seiner Mutter. Schweizerische Zeitschr. f. Psych., 1950.

Jünglings-Gott und Geist-Mutter, tragen mit gutem Recht das gleiche Siegel des Mysteriums auf ihren Lippen. Was soll dies aber eigentlich bedeuten, wissen wir doch nichts von einer Beziehung Johannes' zu einer «Mutter», und gibt es darüber hinaus doch anscheinend in keinem der beiden Bilder auch nur einen Hinweis auf eine derartige Beziehung [110]!

Gerade der Streit um das Bacchus-Bild Leonardos weist uns auf die tiefere archetypische Intention hin, die sich in diesen Bildern des «puer aeternus» verwirklicht hat.

Nach der einen Lesart ist der «Bacchus» ursprünglich ebenfalls ein «Johannes in der Wüste» gewesen, und Panterfell, Weinlaub und Thyrsos sind erst am Ende des 17. Jahrhunderts hinzugefügt worden [111]. Im Gegensatz dazu schreibt M. Herzfeld:

> «Daß diese poesievolle Komposition stets als Bacchus gedacht war, ist heute nicht mehr zweifelhaft, weil man ein Epigramm eines Zeitgenossen, des Flavio Antonio Giraldi, betitelt ‚Bacchus (!) Leonardi Vinci' gefunden hat, welches dieses Gemälde feiert [112].»

Die gelöst-lässige Art, in welcher der hermaphroditische Gott in der Landschaft ruht, entspricht durchaus der antiken Darstellung des Dionysos. Leonardo hat in diesem Bild des «orientalischen Gottes» — mehr unbewußt als mit Absicht — eine Kernfigur der Mysterienwelt gestaltet, die zum Mittelpunkt der matriarchalen Welt und zur Geiergöttin gehört. Denn Dionysos ist

[110] Der einzige Zusammenhang, den es gibt, ist charakteristischerweise der des Johannesevangeliums, in dem Christus am Kreuz zwischen dem Evangelisten Johannes und der Madonna das Mutter-Sohn-Verhältnis stiftet.

[111] Leonardo da Vinci, Tout l'œuvre peint, 1950, Documentations XXVIII.

[112] M. Herzfeld, op. cit.

der Mysteriengott des weiblichen Daseins, der Sohn der phrygischen Zemelo, einer Form der kleinasiatischen Großen Erd-Mutter-Göttin. In Griechenland wurde die Göttin zur irdischen Semele, aber auch im Mythos der Semele, der sie beim Anblick des Zeus-Geliebten sterben läßt, ist die Verbindung der Jungfrau-Göttin mit der männlichen Wind-Geist-Macht, dem «patriarchalen Uroboros», erkennbar geblieben [113]. Die den Dionysos nährenden Nymphen und Tiere ebenso wie die von ihm mit den Frauen gefeierten Orgien, die Orgien der Göttin-Mutter Kybele [114], in denen der Mensch mit der Natur in der Verzückung des Rausches sich eint und der Gott in der Gestalt eines Tieres zerrissen und gegessen wird, sind Ausdruck der vielgestaltigen Mysterienverbindung von Jünglingsgott und Weiblichem.

Schon im Altertum galt als Ursprungsstätte dieser erst spät Griechenland ergreifenden Mysterienbewegung Ägypten, dessen weibliche Göttinnen — in ihrem Zentrum die Geiergöttin Leonardos — zu den frühesten Repräsentantinnen der Großen Mutter gehören.

Wie aber war es möglich, daß ein solcher Bacchus überhaupt als Johannes hat gelten können, oder daß, wenn das Gemälde ursprünglich wirklich Bacchus darstellte, dieser Bacchus dem Johannes so ähnlich ist wie ein Bruder dem anderen? Welche Transmutation der wilden Gestalt des asketischen Wüstenheiligen in diese in geheimnisvollem Licht von innen her leuchtende Figur des Johannes bei Leonardo! Warum der «geheimnisvoll triumphierende» Blick und das mysteriöse Lächeln der Sophia auf seinen Lippen?

[113] Vgl. Verf., Apuleius, Amor und Psyche, Ein Beitrag zur seelischen Entwicklung des Weiblichen.
[114] Euripides, Die Bacchen.

Es ist das Wissen um ein geheimnisvolles Eins-Sein mit der Großen Mutter als Mutter der Lebendigen, es ist das Wissen des geliebten Sohnes der Großen Göttin um sein Selig-Sein, sein Ewig-Sein durch die Verbindung mit ihr, durch die, wie Freud richtig ahnte: «selige Vereinigung von männlichem und weiblichem Wesen». Es ist das Geheimnis der matriarchalen Mysterien von der Unsterblichkeit des göttlichen Lichtsohnes der Großen Mutter, der sterbend aufersteht. Das Geheimnis all ihrer Erlösung bringenden und Erlösung empfangenden Jünglings- und Göttersöhne ist in dem Mysterienlächeln der heiligen Anna, des Bacchus und des Johannes das gleiche.

Der in der Wüste verkündende Johannes ist das Symbol der Zukunftsverheißung, die in dem Mysterienspruch ausgesprochen ist: «Er muß wachsen, ich aber muß abnehmen». Johannes und Christus gehören wesensmäßig zusammen, deswegen fällt das Johannisfest vom Tode des Täufers auf die Sommersonnenwende und wird mit absinkenden, von Bergen herabrollenden Feuerrädern gefeiert, das Geburtsfest Christi dagegen wird zur Wintersonnenwende mit der Anzündung des Lichtbaumes, dem Symbol des neu aufsteigenden Lichts begangen. In diesem Sinne sind Johannes und Christus Zwillingsbrüder, sie sind die miteinander verbundenen Lichtträger, von denen auch auf den Darstellungen der Mythrasmysterien der eine die gesenkte, der andere die erhobene Fackel trägt, Symbole des fallenden und des steigenden Lichtes, deren äußeres Zeichen die Jahressonne ist.

Diese ganze Symbolik aber stammt aus dem matriarchalen Bezirk, in dem die Große Mutter, die Geier- und Himmelsgöttin, auch die Jungfrau mit der Lichtähre ist, die Demeter-Kore, welche das Männliche in den Eleusinien mit der Mysterienfackel, dem himmlischen Licht-Weizen belehnt und ihm in der Wiedergeburt Unsterblichkeit verleiht.

Johannes und Christus sind für die Mysterienerfahrung des Johannes in ebendem Sinne eins, den Paulus in den Worten realisierte: «Doch nun nicht ich lebe, sondern Christus lebet in mir.»

Die Bewegung der Hände auf dem Johannes- und dem Bacchusbild symbolisiert das «Zeigen des Geheimnisses» in den Mysterien. Mit dieser Geste weist Johannes nach oben, auf die — in ihm — steigende Sonne des Christus, von deren Licht er, der sonst ganz in Dunkel verhüllt ist, angeleuchtet ist. Und wie die Hand des Johannes auf das Kreuz, zeigt die eine Hand des Bacchus auf das Geheimnis des Thyrsos, während seine andere wie zufällig, ebenso wie der jugendliche Johannes der Täufer auf einer frühen Studie aus der Windsor-Bibliothek, nach unten auf die Erde weist. Denn auch Bacchus-Dionysos ist ein Gott des Lebens und des Todes, und die Zerreißung des Dionysos steht als Mysterium neben der Kreuzigung des Christus und der Enthauptung des Johannes. In Dionysos wie in Johannes sind Aufstieg und Abstieg miteinander verbunden, beides aber, Wachsen wie Untergehen, wird begleitet von der lächelnden Gewißheit, die aus ihrem «geheimnisvoll triumphierenden» Blick spricht, der seiner unauflöslichen Verbundenheit mit der wiedergebärenden Mutter der Mysterien gewiß ist.

Die Hände sind immer bei Leonardo — nicht nur im Abendmahl — wesenhafte Ausdruckssymbole. So ist auch der Zusammenhang der nach oben zeigenden Hand des Johannes mit der gleichen Handbewegung der heiligen Anna auf dem Karton zur heiligen Anna selbdritt evident (Abb. III). Die Anna wendet sich nicht nur liebevoll lächelnd zur Maria, die in mütterlicher Hingabe auf das Christuskind konzentriert ist, sondern sie belehrt sie auch als Sophia mit ihrer nach oben weisenden Hand: Vergiß nicht, er ist nicht nur dein Kind, er gehört zum Himmel, er ist das steigende Licht. Wenn wir so den Sinn dieser sonst rätselhaften Handbewegung verstehen, wird die spätere Fassung des Bildes der Anna selbdritt, in der dieser vielleicht allzudeutliche Hinweis fehlt, um so bedeutsamer, indem in ihm dies Wissen in die höhere Form der Gestaltung eingeschmolzen ist, die ihre eigene Interpretation in sich trägt [115].

Jung spricht bei seinem Versuch, den Prozeß der Individuation darzustellen [116], im Zusammenhang mit den angeführten Worten des Paulus davon, daß «das Zentrum der totalen Persönlichkeit nicht mehr mit dem Ich zusammenfällt, sondern ein Punkt in der Mitte zwischen Bewußtsein und Unbewußtem ist. Dies wäre der Punkt des neuen Gleichgewichts, eine neue Zentrierung der Gesamtpersönlichkeit, ein vielleicht virtuelles Zentrum, welches der Persönlichkeit wegen seiner zentralen Lage zwischen Bewußtsein und Unbewußtem eine neue sichere Grundlage gewährt».

[115] Die große Bedeutung der Johannesfigur, mit der sich Leonardo offenbar sein Leben lang beschäftigt hat, geht auch aus einem merkwürdigen und sonst unverständlichen Zug eines anderen Bildes hervor. Der Engel auf der ungleich schöneren Louvre-Fassung der Grottenmadonna weist in einer seltsamen und eigentlich unverständlichen Handbewegung auf den anbetenden Johannesknaben. Möglicherweise ist schon damals der symbolische Gegensatz Johannes-Christus, in dem Johannes die irdisch-menschliche, Christus die unsterblich göttliche Seite der menschlichen Natur repräsentiert, für Leonardo bedeutsam geworden.

[116] C. G. Jung, Die Beziehungen, op. cit.

Symbolischer Ausdruck dieses Geschehens ist der Johannes des Leonardo mit seinem jenseits von Leben und Tod stehenden Lächeln und seinem Wissen um den Zusammenhang von abnehmendem Ich und zunehmendem Selbst [117], in dem das Heidnische mit dem Christlichen zu einer neuen Synthese verbunden ist. In der Renaissance wie in der Psychologie des modernen Menschen taucht das Heidentum, die vom Mittelalter verdammte Natur, häufig als Symbol der zu integrierenden «Gegenseite» auf. Für das Christentum des Savonarola und der Inquisition mußte die Johannesfigur Leonardos als «fremder Teufel» gelten, und es ist fast ein Wunder, daß die Bilder Leonardos die Zeiten der religiösen Reaktion überlebt haben; für die Moderne aber sind sie Wegweiser und numinose Symbole einer neuen Zeit und eines neuen Selbstverständnisses des modernen Menschen.

Diese Überhöhung von Gut und Böse, Christlich und Heidnisch, Männlich und Weiblich in einem Dritten bei Leonardo ist dem einzigartigen psychologischen Blick Nietzsches nicht entgangen:

> «Leonardo da Vinci hat vielleicht allein von jenen Künstlern einen wirklich überchristlichen Blick gehabt. Er kennt «das Morgenland», das inwendige so gut als das äußere. Es ist etwas Über-Europäisches und Verschwiegenes an ihm, wie es jeden auszeichnet, der einen zu großen Umkreis von guten und schlimmen Dingen gesehen hat [118].»

Für die in seinen Bildern Gestalt gewordene Erfahrung Leonardos stehen nun Eros und Logos nicht mehr

[117] Zu Christus als abendländischem Symbol des Selbst, vgl. C. G. Jung, Psychologie und Alchemie, 2. Aufl., 1952, Symbolik des Geistes, 1948, und Aion, 1951.

[118] Fr. Nietzsche, Aus dem Nachlaß, Kunst und Künstler, Musarion-Ausgabe, Bd. XXII.

in einem Gegensatz zueinander, sondern bilden eine höhere Einheit. Er erfaßt in der Welt eine mysterienhafte Einheit von schöpferischer Spontaneität und Gesetz, Sinn und Notwendigkeit, die nur für den erfahrbar ist, in dem Liebe und Erkenntnis zu einer integralen Einheit verschmolzen sind.

Von diesem Blickpunkt aus erkennt Leonardo, ebenso wie er die Kompensation durch die Natur erkannt hatte, «die nicht im Stiche läßt», auch die in der Natur liegende Notwendigkeit des Todes:

> «Warum verbot die Natur nicht, daß das eine Tier vom Tode des anderen lebe? Die Natur, die begierig danach ist und Vergnügen findet am Schaffen und Machen beständig neuer Leben und Formen, weil sie erkennt, daß hierin ein Anwachsen ihrer irdischen Materie ist, ist willfährig und viel schneller in ihrem Schaffen als die Zeit im Zerstören; und darum hat sie angeordnet, daß viele Tiere Speise seien eines für das andere; und da dieses solchem Wunsche nicht Genüge tut, sendet sie oft gewisse vergiftete und pestillenzialische Dünstung herab auf die großen Vermehrungen und Ansammlungen von Tieren und vor allem auf die Menschen, die großes Anwachsen haben, weil andere Tiere sich nicht von ihnen nähren. ... Also sucht diese Erde von ihrem Leben zu verlieren, dabei beständige Vermehrung wünschend [119].»

Und er formuliert von der gleichen Einsicht in dem Sinn der Notwendigkeit ausgehend:

> «Wenn ich glauben werde, daß ich zu leben gelernt habe, werde ich zu sterben gelernt haben [120].»

Die Zeichnung, auf der Leonardo sich als Greis porträtiert hat, zeigt auch physiognomisch, daß Leonardo

[119] R. 1219 MS BR M. Fol. 156 v. siehe M. Herzfeld, op. cit., S. 133.
[120] CA Fol. 252 r. siehe M. Herzfeld, op. cit. S. CXXIII.

in seiner Entwicklung eine im Abendland einzigartige Stufe erreicht hat, die des Alten Weisen. Es ist aber nicht nur das Gesicht eines weisen alten Mannes, sondern darüber hinaus das eines Schöpfers und Forschers, in dem Güte und Strenge, die Qual und Unruhe des Schöpferischen und die Distanz und Ruhe der Erkenntnis vom Sinn sich die Waage zu halten scheinen. Es ist seltsam, daß unter allen Gesichtern «Großer Einzelner» gerade das des abseitigen und einsamen Leonardo dem am ähnlichsten ist, das sich der europäische Mensch von Gottvater macht.

Der Alte Weise und der Gott-Jüngling sind die beiden archetypischen Formen, in denen sich das Männliche mit der Großen Mutter als Sophia verbindet. Dem Jünglingsgott gegenüber überwiegt die mütterliche Seite der Geist-Mutter, der er als ihr Sohn und Geliebter zugeordnet ist. Zum alten Weisen gehört die junge Sophia als töchterliche Figur der Jungfrau-Sophia, so wie zu Leonardo die Mona Lisa, in deren Gestalt der Eros der Sophia an ihn herangetreten war. Beide Seiten, welche die Ganzheitsstruktur des Geist-Weiblichen bilden, waren für Leonardo bis an sein Lebensende wirksam, beiden gegenüber war er der rätselhaft Zwiefache, Jüngling und Alter Weiser zugleich.

Die unbewußte Treue, die Leonardo der Gestalt der Geiergöttin sein Leben lang bewahrte, und von der sein Leben auf allen Stufen seines schöpferischen Daseins-Zeugnis ablegt, ist der eigentliche Grund seiner niemals durch die Nähe menschlicher Wirklichkeit unterbrochenen Einsamkeit [121]. Der Umfang seiner Liebe und sei-

[121] Wie die archetypische Struktur der Geiergöttin, des vom männlichen Geist-Wind empfangenden Weiblichen sich immer deutlicher in ihm durchsetzte, geht auch daraus hervor, daß eine seiner letzten Schöpfungen, die uns nur in einer Zeich-

nes Eros fügte sich nicht in die Beschränktheit des Menschlichen, das ist seine Größe und seine Begrenztheit zugleich. Sein Eros ist aus der Bindung an das Unendliche, an die Geiergöttin, niemals herausgetreten. Was anfangs unbewußt Bewegendes war, wurde im Laufe seines Daseins Wirklichkeit seiner Werke und seines Forschens, um schließlich in der Begegnung mit der Mona Lisa die menschliche Ebene zu erreichen. Aber es war nicht zufällig, daß diese Begegnung eines fünfzigjährigen Mannes die mit einer dem Tode Geweihten war; auch hier rührte er im Menschlichen sofort wieder an das Unendliche.

Er hatte zwar die ebenso radikalen wie menschenfeindlichen Worte geschrieben:

«Wenn du allein bist, wirst du ganz dir eigen sein; wenn du auch nur einen Genossen hast, wirst du dir nur halb gehören und um so weniger, je schrankenloser der Verkehr ist. Und je mehr Menschen dir nahe stehen, um so größer wird die Gefahr sein. Wenn du sagen wolltest; ich werde mir meine Eigenart nicht nehmen lassen, ich werde mich zurückziehen, um mich der Betrachtung der Natur hinzugeben, so sage ich dir, das sei schlecht durchzuführen, weil es dir unmöglich sein wird, nicht hin und wieder ihrem Geschwätz dein Ohr zu leihen [122].»

nung und in der Kopie eines Schülers erhalten wurde, die Leda mit dem Schwan gewesen ist. Die von der Vogel-Wind-Seite Empfangende ist die Mutter des Helden. Auch sie trägt das Lächeln, das Zeugnis der «Gemeinschaft der Frau mit dem Erzeugergott». Zu ihren Füßen spielen die Eigeborenen, wobei das Ei immer Symbol des von der Großen Mutter Geborenen ist. Es sind Kastor und Pollux, die analog zu Johannes und Christus in der Antike die sterbliche und die unsterbliche Zwillingsnatur des heldischen Menschen verkörpern. Auf manchen Kopien liegen neben ihnen die Eitöchter, Helena und Klytemnestra, die matriarchalen Repräsentantinnen des für das Männliche so gefährlichen Aspektes der Großen Mutter, die verführt und tötet.

[122] Aus dem «Traktat von der Malerei», op. cit.

Aber diese Haltung war nicht die eines kontaktlosen und eigenbrödlerischen Sonderlings, sonst hätte nicht Vasari von Leonardo berichten können: «Mit dem Glanz seines herrlichen Äußeren erheiterte er jedes traurige Gemüt, und mit seinem Wort vermochte er jeden hartnäckigen Eigensinn zu Ja und Nein zu bestimmen [123].»

Nicht wie bei Michelangelo bitterer Menschenhaß, sondern die Hingabe an die sein Dasein dirigierenden inneren Gewalten hatten ihn zu seiner gerade in der geselligkeitswilden Renaissance einzigartigen Distanz-Haltung geführt. Wie liebesfähig er dabei war, geht aus der tiefen Anhänglichkeit seines Schülers Melzi hervor, der Leonardo nach Frankreich begleitet und bis zu seinem Tode nicht verlassen hat, und in dessen Brief über Leonardos Tod es heißt:

«Ich glaube, Ihr seid schon unterrichtet vom Tode des Maestro Leonardo, Eures Bruders und mir soviel wie besten Vaters, über welchen Tod es mir unmöglich wäre, daß ich den Schmerz ausdrücken könnte, der mich erfaßt hat, und solang als diese meine Glieder noch zusammenhalten, werde ich ein beständiges Unglück fühlen, und wohlverdientermaßen, weil ungeheuerste und wärmste Liebe er mir tagtäglich entgegenbrachte. Es wird von jedermann beklagt der Tod eines solchen Mannes, dessen Gleichen nicht mehr in der Macht der Natur ist [124].»

Trotz alledem blieb in Leonardos Existenz die Verbundenheit mit dem Unendlichen immer stärker als die mit dem Endlichen, und sein Dasein war in geheimnisvoll-symbolischer Weise ein Leben im Mythos der Großen Göttin. Die Gestalt des Geist-Vaters, des großen

[123] Vasari, Künstler, op. cit.
[124] M. Herzfeld, op. cit.

Demiurgen und zeugenden Windgottes, blieb immer der großen Göttin seines Lebens nebengeordnet, die schon das Kind in der Wiege auserwählt und befruchtet hatte, und die sein Leben wie die Welt mit ihren Geist-Flügeln überschattet. Die Rückkehr zu ihr, seinem Ursprung und seiner Heimat, erfährt Leonardo als Sehnsucht nicht nur des eigenen Lebens, sondern des Lebens der ganzen Welt.

«Siehe, wie die Hoffnung und der Wunsch, in seine Heimat zurückzukehren (repatriarsi) ganz ebenso wirken wie das Licht auf den Falter. Denn der Mensch, der in ewiger Sehnsucht stets wieder mit Jauchzen den neuen Frühling erwartet, stets den neuen Sommer, stets die neuen Monde und neuen Jahre, indem es ihm scheint, als kämen die Dinge immer erst viel zu spät, er gewahrt nicht, daß er damit nur immer seine eigene Auflösung herbeiwünscht. Diese Sehnsucht aber ist die geheime Kraft (quintessentia), welche die Elemente bewegt und welche als Seele, in den menschlichen Körper eingeschlossen, stets zu dem zurückzukehren trachtet, der sie entsandt. Wisse, daß dieser Wunsch die Quintessenz ist, welche untrennbar mit der Natur verbunden ist. Der Mensch aber ist das Abbild der ganzen Welt [125].»

So steht das Gestirn der Großen Mutter als Zentralgestirn am Himmel Leonardos. Es leuchtet über seiner Wiege wie über seinem Tode. Die gleiche Göttin, die in der Tiergestalt des Geiers dem noch unbewußten Kind erschienen war, schaut als lächelnde heilige Anna, als höchste geistig-seelische Inkarnation des Weiblich-Menschlichen, auf das Christuskind herab. Als Erde und Natur war sie der Gegenstand seiner Forschung, als Kunst und Weisheit die Herrin seiner Wandlungen. Wie kaum ein anderer abendländischer Mensch das Gleichgewicht seiner Natur wahrend, schmolz Leonardo die

[125] R. 1162 MS BR M. Fol. 156 v.

Vielheit seiner Kräfte in unablässiger Arbeit an sich selbst zu höherer Einheit. Immer sich wandelnd, blieb er auf keiner Entwicklungsstufe seines Lebens stehen und ging durch die Welt, als habe sein inneres Auge von Anfang an das Sternbild gesehen, zu dem sein Weg und sein Leben ihn führte, das Sternbild der Geiergöttin, der Hüterin seiner Kindheit, der Heimat seines Alters. Sein Leben war die Verwirklichung des Satzes, den er in einem seiner Notizhefte aufgezeichnet hat:

«Es kehrt nicht um, wer an einen Stern gebunden ist [126].»

[126] R. 682 MS W. L. Fol. 198 r. siehe M. Herzfeld, op. cit., S. 141.

KUNST UND ZEIT

I

Das Thema: Kunst und Zeit ist so groß, daß in einem kurzen Abriß nichts Umfassendes oder Abschließendes gesagt werden kann. Nicht das Phänomen des Zeitablaufs im Erlebnis oder im Kunstwerk selbst soll uns beschäftigen, also nicht die Beziehung des Ich zum lebendigen Zeitstrom, zur Ewigkeit oder zum Augenblick, zum Zeitwirbel oder zur Ruhe in der Zeit, sondern der Gegenstand unserer Betrachtung ist die Beziehung der Kunst zur Epoche, in der sie entsteht, und besonders die der modernen Kunst zu unserer eigenen Zeit. Da unser Versuch aber ein kulturpsychologischer ist, geht es ihm um die Erfassung der Kunst als eines für das Kollektiv ebenso wie für das Individuum zentral wichtigen psychischen Phänomens.

Auszugehen haben wir von der schöpferischen Funktion des Unbewußten, das seine Gestaltungen spontan hervorbringt, analog zum Formtrieb der Natur, welche von der Konstellation des Atoms und Kristalls über die Welt des Organischen bis zu den kosmisch-planetarischen Welten Gebilde schafft, die den Menschen als schön zu beeindrucken vermögen.

Diesen Untergrund und Hintergrund der psychophysischen Welt, der immer und vorzüglich gestaltend ist, bezeichnen wir als schöpferisch. Dabei entspricht dem Unbekannten, das als «Natur» die Gestaltungen der Außenwelt aus sich hervorbringt, als anderes Unbekanntes das kollektive Unbewußte, das der Ursprungsort aller psychischen Gestaltung innerhalb der Menschheit ist, der Religion und des Ritus, der sozialen Ordnungen und des Bewußtseins ebenso wie der Kunst.

Die Archetypen des kollektiven Unbewußten sind die an sich gestaltlosen psychischen Strukturen, die in der menschlichen Kunst zu ihrer äußeren Sichtbarkeit gelangen. Dabei werden die Archetypen durch die Medien, durch die sie hindurchgehen, variiert. Das heißt ihre Gestalt ändert sich je nach der Zeit, dem Ort, der menschlichen Gruppe und der psychischen Konstellation des Individuums, in dem sie sich manifestieren. So bleibt z. B. der Mutterarchetyp als bewegende psychische Hintergrundsfigur zwar immer «er selbst», aber ob er in Ägypten, in Mexiko oder Spanien, in der Frühzeit, im Mittelalter oder in der Moderne in Erscheinung tritt, bedingt verschiedene Stilformen seiner Gestaltung ebenso wie verschiedene Betonungen inhaltlicher und emotionaler Art. Die paradoxe Vielfalt seiner ewigen Präsenz, die eine unendliche Mannigfaltigkeit von Ausdrucksformen ermöglicht, kristallisiert sich in der zeitgebundenen Verwirklichung durch den Menschen, und die archetypische Ewigkeit kommt mit der individuellen Einmaligkeit der menschlich historischen Situation zu einer nie wiederkehrenden Synthese.

Wir sehen unsere Aufgabe weder darin, die Entwicklung einzelner Archetypen in e i n e r Kultur, noch darin, die verschiedenen Gestalten des gleichen Archetyps in den verschiedenen Kulturen zu verfolgen.[1]

[1] Wer sich von diesem überwältigenden Phänomen überzeugen will, braucht nur die Materialien des Eranos-Archivs durchzugehen, in dem diese grundlegende Arbeit geleistet worden ist.

Aber auch der ästhetisch-stilgeschichtliche Aspekt, der die Ausdrucksformen, welche die Archetypen in den einzelnen Stilepochen annehmen, untersucht, soll uns nicht beschäftigen, obgleich es überaus interessant wäre, darzustellen, wie z. B. die archetypische Welt Ägyptens durch den Aspekt der statischen Ewigkeit und Dauer geprägt wird, während die gleiche archetypische Welt z. B. in Mittelamerika, weil hier der verschlingende Charakter der furchtbaren Mutter dominiert, von einer dschungelhaften Ornamentik fast aufgelöst wird. Der Ausgangs- und Endpunkt unserer Bemühung ist dagegen die Frage nach der Bedeutung der Kunst für die Menschheit und nach ihrer Stellung innerhalb der Menschheitsentwicklung.

So wie am Anfang der menschlichen Bewußtseinsentwicklung die psychische Ursprungssituation [2] herrscht, in der die unbewußten, kollektiven und transpersonalen Faktoren bedeutsamer und augenfälliger sind als die bewußten und individuellen, ist auch die Kunst zunächst ein Kollektivphänomen, das nicht aus dem Zusammenhang des Kollektivdaseins zu isolieren, sondern das in das Leben der Gruppe integriert ist. Jeder Einzelne ist ein Künstler als Tänzer und Sänger, Dichter, Maler und Bildhauer, und alles, was er tut und wie er es tut, bleibt, sogar wenn es sein anerkannter individueller Besitz ist, Ausdruck der Kollektivsituation der Gruppe.

Auch wenn die «Großen Einzelnen», die schöpferischen Menschen, in denen die kreatorische Aktivität des Unbewußten am lebendigsten ist, von Anfang an für das Kollektiv richtunggebend sind, drückt sich die dialektische Situation zwischen der Gruppe und ihnen

[2] Verf. Ursprungsgeschichte des Bewußtseins, 1949.

darin aus, daß auch sie selber das von ihnen Geschaffene niemals sich selber als Individuum zuschreiben, sondern den inspirierenden Vorfahren, den Ahnengeistern, dem Totem oder dem sie individuell inspirierenden Teil dieses Geist-Kollektivs, der Gottheit usw.

Die schöpferische Situation ist nicht nur numinos, indem ein Unbekanntes und Geheimnisvolles in ihr sich im Menschen auswirkt, sie wird auch als solche erlebt, weil das ganze Dasein der Gruppe ursprünglich von der Erfahrung des Transpersonalen geprägt ist. Die Festzeiten und Riten sind die Kernstellen der Bestimmtheit des Lebens durch das Numinose, alles was ihren sakralen Umkreis berührt, wird durch sie geformt: Kultgerät und Maske, Figur und Bild, Gefäß und Schmuck, aber auch Lied und Tanz, Mythos und Dichtung.

Diese Einheitlichkeit ist Symptom des Eingebettetseins des Einzelnen in einen ihn übergreifenden Zusammenhang der Gruppe, deren unbewußtes Dirigiertsein vom Kollektiv-Psychischen aber keineswegs nur ein Dirigiertsein von Trieben oder von Instinkten ist, die einen Natur-Zweck verfolgen. Wohl ist das Bewußtsein des Einzelnen den wirkenden Hintergrundsmächten gegenüber fast «blind» und reagiert auf den formenden Antrieb der Psyche nicht reflektierend, sondern gehorchend und ausführend. Aber was als Ausdruck von untergründigen Bewegungen der Psyche das Weltgefühl und das Weltbild des Menschen bestimmt, sind Figuren und Bilder, Farben und Formen, Töne und Worte, die symbolisch-geistige Gestalten bilden, in denen sich gleichzeitig die Beziehung des Menschen zur inneren archetypischen Welt ausdrückt, wie die zu der äußeren Welt, in welcher er lebt.

Von Anfang an tritt der Mensch als symbolschaffendes Wesen auf, und er gestaltet die ihm eigene geistig-seelische Welt ebenso in der Symbolwelt der Sprache und des Denkens von Weltzusammenhängen, wie in der Ausdruckswelt der Gestalten und Bilder, in denen ihm die Gefühlsqualität des Numinosen erscheint.

In der psychischen Ursprungssituation führt die Stärke des menschlichen Ergriffenseins vom Numinosen direkt zum Ausdruck, denn das Unbewußte — das ist ein Teil seiner schöpferischen Funktion — bringt seinen eigenen Ausdruck mit sich. Aber die Stärke der emotionalen Komponente, von welcher die Gruppe und das in ihr enthaltene Individuum bewegt wird, ist nicht als eine inhaltslose Dynamik vorzustellen. Denn wie jeder Archetyp hat auch jedes Symbol eine spezifische Inhaltlichkeit, und wenn die Ganzheit des Menschen von einem Inhalt des kollektiven Unbewußten ergriffen wird, äußert sich das immer auch in einem Mitergriffensein des Bewußtseins. Deswegen finden wir von Anbeginn, daß die schöpferische Funktion des Psychischen von einem reagierenden Bewußtsein begleitet wird, welches zunächst in geringem, im Laufe der Entwicklung aber in steigendem Maße das, wovon es zunächst überwältigt wird, zu verstehen, zu interpretieren und zu verarbeiten sucht. In diesem Sinne kommt es schon sehr früh zu einer relativen Fixierung des Ausdrucks und des Ausdrucksstils und zur Bildung von festen Traditionen.

Während für unsere Zeit mit ihrem entwickelten bis überentwickelten Bewußtsein meist die emotionale und Gefühlskomponente mit dem Wesen des Künstlerischen verbunden zu sein scheint, ist dies für die Phasen eines unentwickelten Bewußtseins keineswegs der Fall. Für die Primitiv- und Frühkultur ist die Gestaltung des Numinosen ein Bewußtsein stützendes, ja Bewußtsein schaffendes Phänomen, durch das in die unbestimmte und oft chaotisch scheinende, von den Mächten getriebene Welt Unterscheidungsmöglichkeit und Ordnung kommt, so daß dem Frühmenschen gerade durch die Kraft der künstlerischen Gestaltung eine Orientierung innerhalb der Welt möglich wird.

In dem gestaltenden psychischen Bezirk, den wir als «unbewußt» bezeichnen, sind bereits bedeutsame Verarbeitungen in der Richtung erfolgt, die später für die Verarbeitung durch das Bewußtsein charakteristisch sind. So wie schon mit dem Auftauchen eines psychischen Bildes eine synthetische Verarbeitung der Welt vollzogen ist, ist das in der Anfangszeit auch bei der künstlerischen Gestaltung der Fall. Sie ist als Beschwörung immer auch Erlebnis und Erfassen, Erkenntnis und Verarbeitung zugleich.

Dabei ist es unwesentlich, ob das Gebilde naturalistisch oder unnaturalistisch geformt ist, auch die höchstnaturalistischen Tierbilder des Eiszeitmenschen sind in unserem Sinne Symbole. Jedes dieser gemalten Tiere ist für das magisch-primitive Weltbild, zu dem es gehört, ein Numinoses, es ist Inbegriff und Wesen der Tierspezies. Das heißt der einzelne gemalte Wisent z. B. ist ein geistig psychisches Symbolbild, gewissermaßen der «Vater der Wisente», die Idee des Wisents, der «Wisent an sich», als solcher ist er Gegenstand des Rituals. Die Besiegung und Tötung, Versöhnung und Fruchtbarmachung des Tieres, die im psychischen Raum zwischen der menschlichen Gruppe und der die Tiergruppe symbolisch vertretenden Imago stattfindet, hat eine die Wirklichkeit verändernde, d. h. magische

Bedeutung, weil in diesem Bildsymbol das numinose Herz und Zentrum der in der Welt lebenden Tiergruppe gefaßt wird, dessen symbolische Gestaltung mit einer echten Erscheinungsform des numinosen Tierwesens identisch ist.

Während ursprünglich die treibenden archetypischen Inhalte einer Kultur ebenso wie ihre Ausdrucksformen unbewußt bleiben, kommt es mit der steigenden Entwicklung und Systematisierung des Bewußtseins und der Stärkung des Ich beim Einzelnen auch zur Entstehung eines Kollektiv-Bewußtseins mit einem für jede menschliche Kultur und Kulturepoche charakteristischen Kulturkanon. Das heißt es entsteht eine Konfiguration bestimmter Archetypen, Symbole, Werte und Haltungen, auf welche die unbewußten archetypischen Inhalte projiziert sind und die in der entsprechenden Fixierung als Mythos und Kult zu dogmatischem Besitz der Gruppe werden. Jetzt bestimmen nicht mehr unbewußte und unbekannte Mächte das Leben der Gruppe, sondern transpersonale Gestalten und Inhalte, um welche die Gruppe weiß, dirigieren das Leben der Gemeinschaft ebenso wie das bewußte Verhalten des Einzelnen in Fest und Kult, Religion und Brauch.

Das besagt keineswegs, daß der Mensch einen Zusammenhang dieser Welt des Transpersonalen mit den Tiefen seiner eigenen Psyche ahnt, obgleich das Transpersonale zu seiner Selbstdarstellung sich des Mediums der menschlichen Persönlichkeit bedient und in schöpferischen Prozessen in ihm Gestalt annimmt.

Aber trotz der Bewußtwerdung des Kulturkanons ist die Kunst auch jetzt noch in allen ihren Ausdrucksformen in das Ganze des Gruppenlebens integriert, und wenn in der Gruppenbegehung der Kulturkanon im religiösen Feste gefeiert wird, ist alles schöpferische Tun in dieses Einheitsgeschehen eingefügt. Das Kultbild ebenso wie die Musik, der Tanz ebenso wie die Dichtung sind als Ausdruck der archetypischen Wirklichkeit inneres Eigentum des ganzen Kollektivs.

Ob es sich bei der Epiphanie des Numinosen um die Ritzzeichnung auf einem Knochen, die Behauung eines Steines, die Jahrhunderte dauernde Ausgestaltung einer mittelalterlichen Kathedrale oder um die nur für ein Fest gestaltete und danach verbrannte Maske handelt, in jedem Falle bildet die Erscheinung des Numinosen, die Ergriffenheit der gestaltenden und die der die Epiphanie feiernden Gruppe eine unteilbare Einheit.

Aber auch am schöpferischen Gestaltphänomen der Kunst läßt sich der Zerfall der psychischen Ursprungssituation im Laufe der Menschheitsgeschichte verfolgen. Die Entwicklung führt mit der Individualisierung des Einzelnen und dem relativen Unabhängigwerden des Bewußtseins zu einer Auflösung der Einheitssituation, in welcher das Schöpferische der Kunst in das Leben der Gruppe integriert war. Es kommt zu einer weitgehenden Differenzierung, und Dichter, Maler, Plastiker, Musiker, Tänzer, Schauspieler, Architekten usw. üben nun als Gruppen Einzelfunktionen des künstlerischen Ausdrucks beruflich aus. Die Mehrheit der Gruppe aber ist, so hat es den Anschein, unschöpferisch geworden und bezieht sich nur noch, wenn überhaupt, rezeptiv auf die schöpferische Leistung des Künstlers.

Weder die Isolierung des Einzelnen noch die Abspaltung der Künste und des Künstlers vom Kollektiv ist aber in Wirklichkeit so weit fortgeschritten, wie es zunächst scheint. Wir haben gelernt, das Bewußtsein des Einzelnen als die Oberstimme eines Zusammenklanges zu hören, in dem die Tiefenschicht des kollektiven Unbewußten nicht nur die Begleitung bildet, sondern die Führung hat. Diese Umorientierung beschränkt sich nicht nur auf die psychische Struktur der einzelnen Persönlichkeit, auch die zwischenmenschlichen Beziehungen des Lebens und der Kultur sind in diesem Sinne neu zu erfassen.

Wir sehen die Gruppe als ein einheitliches psychisches Feld, in das die Wirklichkeit des Einzelnen eingebettet ist, so daß er Organ und Instrument des Kollektivs ist. Diese Einbettung des Einzelnen in das psychische Feld verläuft aber keineswegs nur über sein Bewußtsein und über die Erziehung durch das Kollektiv. So wie der Organismus ein Feld bildet, in dem die Einzelstrukturen sich in einer überaus komplizierten Weise gegenseitig regulieren, und wie im Traum die für die Ganzheit der Einzel-Persönlichkeit nötigen Partialstrukturen belebt werden, um die Einseitigkeit des Bewußtseins auszugleichen, besteht auch in der Gruppe und zwischen ihren Gliedern eine kompensatorische Beziehung, durch welche — jenseits der Direktiven des individuellen Bewußtseins und der Kulturinstanzen — die Vollständigkeit des Gruppendaseins zu realisieren versucht wird.

Auch in der Gruppe sind — wie im Individuum — zwei psychische Systeme wirksam, deren Aufeinanderabgestimmtsein erst ihr gesundes Funktionieren ermöglicht. Das eine ist das kollektive Bewußtsein, der Kulturkanon, das System der höchsten Werte der Kultur, in deren Sinn und auf die hin die Erziehung ausgerichtet ist, und welche die Entwicklung des Einzelbewußtseins entscheidend prägen. Aber daneben gibt es die lebendige unbewußte Tiefenschicht des kollektiven Unbewußten, in der die neuen Entwicklungen, Wandlungen, Revolutionen und Erneuerungen jeder Zeit sich ankündigen und vorbereiten, und deren immer wieder durchbrechende Kraft die Stagnation und den Tod einer Kultur verhindern. Wenn wir aber die Gruppe als einheitliches psychisches Feld sehen, sind auch die Menschen, in welchen gerade die zum Kulturkanon und zur jeweiligen Kultur kompensatorischen Tiefenkräfte lebendig sind, wesentliche Teile dieser Ganzheitskonstellation. Aber erst der Historiker — und auch dieser ist eingeschränkt durch seine persönliche Gleichung und durch die Bindung an seine eigene Epoche — kann die echte geschichts- und schicksalsbildende Bedeutung einer Gruppe, einer Bewegung oder eines Einzelnen verstehen. Denn die faktische Bedeutung eines Menschen und die, welche ihm von seiner eigenen Zeit, d. h. aber von den Repräsentanten des Kulturkanons zugesprochen wird, braucht im Guten und im Bösen in keinerlei Verhältnis zueinander zu stehen. «Führer» und «Genies» werden im Laufe der Entwicklung als Scheingrößen entlarvt, und Außenseiter, Verfemte und Unbekannte als eigentliche Wirklichkeitsträger erkannt.

Nicht das Ich und das Bewußtsein, sondern das kollektive Unbewußte und das Selbst sind die letzthin bestimmenden Mächte, und die Entwicklung der Menschheit und ihres Bewußtseins ist von der Spontaneität und inneren Richtung des Unbewußten abhängig und bleibt es auch dann, wenn bereits Bewußtsein und Unbewußtes in eine fruchtbare dialektische und dialogische Beziehung zueinander geraten sind.

Es besteht eine dauernde Bewegung zwischen dem kollektiven Unbewußten, das im Unbewußten jedes Einzelnen in der Gruppe lebendig ist, dem Kulturkanon, der das Kollektivbewußtsein der dogmatisch gewordenen archetypischen Werte der betreffenden Kultur darstellt und den schöpferischen Einzelnen der Gruppe, in denen die Neu-Konstellationen des kollektiven Unbewußten zu ihrer Ausformung und Gestalt gelangen. Daß neben den Großen Einzelnen auch bei den Grenzfällen, den Geisteskranken und Neurotikern, die gleichen Konstellationen auftauchen können, muß hier unberücksichtigt bleiben.

Unser Versuch, verschiedene Formen der Bezogenheit der Kunst und der Künstler zu ihrer Epoche zu unterscheiden, fußt auf dem Phänomen der Einheit des psychischen Feldes der Gruppe, in dem bewußt oder unbewußt, gewollt oder ungewollt, jedes einzelne Individuum ebenso wie jedes einzelne Gebiet der Kultur seinen bestimmten Platz einnimmt [3], wobei aber die Einheit des Gruppenfeldes — analog zur Psyche des Einzelnen — aus einer vom Kollektivbewußtsein und einer vom kollektiven Unbewußten gebildeten Struktur besteht.

Die erste Form der Beziehung der Kunst zur Epoche ist die für die Ursprungssituation und die Frühkultur charakteristische Selbstdarstellung des Unbewußten in der symbolischen Gestaltung des Nu-

[3] Die psychische Wertigkeit des Einzelnen innerhalb der Ganzheit des Gruppengefüges ist eine Analogie zu seinem soziologischen Ort. Aber beide Wertungen können, wie betont, ganz auseinander fallen. Da erst die Einsicht in diese kompensatorischen Zusammenhänge die Beurteilung der Bedeutung des Einzelnen für die Gemeinschaft ermöglicht, müssen wir den Begriff der «sozialen Anpassung» bei der Beurteilung des Einzelnen sehr viel vorsichtiger handhaben, als es bis jetzt geschehen ist, solange man — verständlicherweise — die Anpassung an die Werte des Kulturkanons als den einzigen Maßstab angesehen hat. Auf das Dilemma, das sich für die Tiefenpsychologie in ihrer Stellung zum Kollektiv dadurch ergibt, kann hier nicht eingegangen werden.

minosen, wie wir sie kurz skizziert haben. Die Voraussetzung für die Gestaltung des schöpferischen Prozesses bei dieser Selbstdarstellung des Unbewußten in der Kunst ist immer eine, wenn auch unbewußte Einheit der Persönlichkeit des schöpferischen Menschen und dessen Eingebettetsein in seine Gruppe. Auch das Produkt dieser Phase ist ein Einheitsphänomen, nämlich eine in die Ganzheit der Gruppe integrierte Kunst.

Bei der Repräsentation des Kulturkanons, der zweiten Form der Beziehung der Kunst zur Epoche, ist diese Integriertheit nicht mehr vorhanden. Dabei ist es unwesentlich, ob als Teil des Kulturkanons eine Ahnenfigur, ein Gott, ein Buddha oder ein Bild aus der mythischen Erzählung der Heilsfigur wie die Auferweckung des Osiris, eine Kreuzigung oder die Herausschneidung des Herzens des Gottes erscheint.

Auch derartige kanonische Gestaltungen sind aber archetypisch fundiert, d. h. auch in dieser repräsentierenden Form ist die Kunst symbolischer Ausdruck des kollektiven Unbewußten und hat, obgleich sie im wesentlichen eine Darstellung bewußtseinsnaher Symbole ist, eine entscheidende therapeutische Funktion für das Leben der Gruppe. Denn die bewußte Darstellung des Symbols bedeutet noch keineswegs, daß das Symbol vom Bewußtsein wirklich verarbeitet und von der Persönlichkeit realisiert worden ist, noch weniger aber besagt es eine Auflösung des Symbols durch eine bewußtmachende Verarbeitung. Die Repräsentation des Archetyps in einem Kulturkanon ist zwar gegenüber der puren Selbstdarstellung des Unbewußten eine Annäherung an das Bewußtsein und bedeutet dementsprechend auch eine Abnahme des Unbekanntseins der numinosen Macht. Aber da in jedem Symbol auch eine wesentliche unbewußte Komponente der Psyche zum Ausdruck kommt, bleibt seine unbewußte Wirkung auch da, wo es als Teil des Kulturkanons interpretiert und verstanden wird, über lange Zeit erhalten.

Darum sind in allen Kulturen die Archetypen des Kanons die numinosen Stellen, an denen die Tiefenschicht in die lebendige Wirklichkeit des Lebens der Gruppe hineinreicht [4]. Ob dies nun der Tempel oder die Statue der Gottheit, die Maske oder der Fetisch, der Ritualtanz oder die sakrale Musik sei — immer ist es die Aufgabe der Kunst, das Archetypische repräsentativ zur Geltung und als «erhöhte Stelle» des Daseins durch die Gewalt des Ausdrucks zur symbolischen Sichtbarkeit zu bringen.

Diese Repräsentation des Kulturkanons durch die Kunst gleicht der Anlage und Ausmauerung von Brunnen der Tiefe, um welche sich die Gruppe sammelt, und von deren Wasser sie lebt. Jedes solche Brunnenwerk ist mit traditionsgebundenen Symbolen geschmückt, in denen das geschichtliche Heilsbewußtsein der Epoche lebendig ist.

Aber der Kulturkanon ist nicht nur eine Verbindung mit der archetypischen Tiefenschicht des Unbewußten, sondern er ist als «Kanon» gleichzeitig auch eine Form, die Eingriffsmacht des Numinosen einzuschränken, zu fixieren und das unberechenbar Schöpferische auszuschließen. Darum ist der Kulturkanon immer auch ein Gebäude, das Sicherung gibt, und das als systematische Festlegung auf einen dogmatischen Ausschnitt des Numinosen die Gefahr der Einseitigkeit und der Erstarrung mit sich bringt.

[4] Verf. Ursprungsgeschichte, op. cit., vgl. das Kapitel: «Die Kultur im Ausgleich».

Die archetypische Welt ist zwar eine dynamische Welt der Wandlung, aber das Numinose und Göttliche in der durch seine Erscheinung in der Zeit jeweils bedingten Gestalt, welche vom Menschlichen erfaßt werden kann, stirbt. Das Archetypische ist an sich bildnislos und namenlos, und die jeweilige Gestalt, die das Gestaltlose annimmt, ist immer auch als irdische Verkörperung eines Unirdischen, als ein erst im Medium des Menschen entstandenes Bild, vergänglich. Und so wie das Entstehen des archetypischen Kulturkanons und seine Gestaltwerdung notwendig ist, ist auch seine Repräsentation vergänglich und der Wandlung bedürftig.

Für den Künstler, dem die Repräsentation des Kulturkanons zur Aufgabe wird, handelt es sich um das Hineinwachsen in eine Tradition, d. h. in die Gegebenheit seiner Zeit und des Kollektivbewußtseins, nicht so sehr nur um den direkten Auftrag der Mächte. Zwar kann natürlich auch ein Bild des Kanons von innerer Erfahrung erfüllt sein, aber seine archetypische Wirklichkeit braucht keineswegs mehr die Ganzheit der künstlerischen Persönlichkeit zu erfassen. Eine Kunst, die in diesem Sinne auf die Erfassung der bereits bekannten Ausschnitte der archetypischen Welt eingestellt ist, wird niemals das Höchste dessen sein, was Kunst bedeuten kann, außer wenn sie erstmalig den Kanon schöpferisch zur Gestalt bringt.

Dabei äußert sich das Schöpferische aber keineswegs immer in einem äußeren Umbrechen des Kulturkanons, sondern die wesentliche Wandlung kann sich ebenso unterirdisch in ihm abspielen. Daher ist nicht an dem Objekt des Dargestellten ablesbar, ob es sich um eine Repräsentation des Kulturkanons, oder aber um seine

Evolution oder Revolution handelt. Wenn wir bei der fast zweitausendjährigen Herrschaft des christlichen Kanons im Abendlande die Figur einer gotischen, einer Renaissance- und einer modernen Madonna nebeneinanderstellen, läßt sich der revolutionäre Wandel der archetypischen Gestalt leicht verdeutlichen, und ein byzantinisch weltbeherrschender Christus und der Gekreuzigte Grünewalds entstammen verschiedenen Welten der Gottheit und des Menschen. Fast könnte man sagen, sie hätten nichts mehr miteinander zu tun.

Eine weitere Form der Beziehung der Kunst zur Epoche, die Kompensation zum Kulturkanon, deren Bedeutung gerade C. G. Jung mehrfach betont hat[5], fußt auf der Lebendigkeit des kollektiven Unbewußten, welches im psychischen Einheitsfeld der Gruppe die Gegenkraft zum Kollektivbewußtsein bildet. Auf dieser Stufe, die bereits die Systematisierung des Gegensatzes eines Bewußtseinssystems zum Unbewußten und damit die moderne Entwicklung der Menschheit voraussetzt, wird die direkte Nähe des numinos Schöpferischen wieder entscheidend wichtig. Aber diese psychische Konstellation macht auch die schicksalsmäßige Tragik verständlich, die fast notwendig mit jeder großen Kunst dieser Art zusammengehört. Kompensatorisch zum Kulturkanon heißt ja im Gegensatz zu ihm, d. h. aber im Gegensatz zum Bewußtsein und Wertgefühl der Epoche. Der Träger des Schöpferischen, welcher das Bewußtsein und den Kulturkanon zu kompensieren hat, steht deswegen fast immer in der Isolierung des Einzelnen, der als Held das Alte zu zertrümmern hat, um den Aufgang des Neuen zu ermöglichen.

[5] Vgl. die Aufsätze über Picasso, «Ulysses», usw.

Wenn sich im Künstler die schöpferische Schicht durchsetzt und die Urbilder in ihm Form gewinnen, die ans Licht der Welt geboren werden wollen, da sie für seine Zeit nötig sind, dann ist er dem Bewußtsein seiner Umwelt ebenso fern wie ihrem entscheidenden Geschehen nahe. Denn er spricht das aus und gibt dem Gestalt, was das künftige Schicksal seiner Epoche ausmacht.

So bedeutet z. B. das Auftreten der äußeren Erscheinungswelt in den Bildern der Renaissance, das jahrhundertelang unsere Kunst bestimmt hat, etwas ganz anderes als ein nur Künstlerisches, wie freie Beweglichkeit der Figur, Perspektive, Plastizität, Gegenstandsfarbe usw. In Wirklichkeit wird hier nicht, wie es scheint, eine mittelalterliche Symbolwelt zugunsten des Abbildes einer objektiven Außenwelt aufgegeben, sondern es handelt sich um das für diese Epoche entscheidende Phänomen des Wiedererscheinens des Erdarchetyps im Gegensatz zum Himmelsarchetyp, der das Mittelalter beherrscht hat. Das heißt, auch dieser «Naturalismus» ist symbolischer Ausdruck einer archetypischen Umstrukturierung des psychischen Hintergrundes.

Der Beginn der Naturwissenschaft, der Gesellschaftslehre, die Entdeckung des Individuums und der Antike, die Spaltung der christlichen Religion, die sozialen Umwälzungen und unendlich vieles mehr, gehören zu den einheitlichen Wandlungen des psychischen Feldes, die unterirdisch alle — besonders aber die schöpferischen Menschen — erfaßt. In diesem Sinne ist ein niederländisches Genrebild nicht nur Abbildung eines Stückes Außenwirklichkeit, sondern Verherrlichung des Diesseits im Gegensatz zum Jenseits, Entdeckung der Heiligkeit der Dingwelt, als Schönheit und Lebendigkeit, Preisung des Lebens in dieser Welt und des irdischen Menschen in ihr im Gegensatz zur Preisung des Himmels, der bis dahin als eigentliche Welt zu gelten hatte.

Und so wie die Beziehung des Menschen zu dieser jenseitigen «eigentlichen» Welt zu einem Leben unter der Last der Erbsünde und im Schuldgefühl ewigen Nicht-Genügens geführt hatte, beginnt sich der Mensch jetzt als Sohn der Erde [6] und als auf ihr heimisch zu fühlen.

Dieser gewaltige Konflikt bestimmt z. B. das Werk eines der großartigsten Maler einer Zeitwende überhaupt, des Hieronymus Bosch [7]. Indem er sich bewußt an den alten mittelalterlichen Kanon anklammert, verwandelt sich ihm unter der Hand die Welt. Sie dämonisiert sich, gnostiziert sich, alles wird zur Versuchung, und er erlebt in der paranoischen Verzweiflung seines asketisch mittelalterlichen Bewußtseins die Belebung des Erdarchetyps rings um ihn, der in allen Farben dämonisch aufstrahlt. Paradox genug wandelt sich ihm — obgleich und gerade weil der Satan als Eule für ihn von Anfang an im Herzen der Schöpfung der Erde sitzt — diese Erde zum «irdischen Paradies». Und die Farb- und Formfülle dieses angeblich verfluchten Erdparadieses leuchtet verführerisch in einem Reichtum archetypischer und antiker Ritual-Symbole, und in einer solchen Schönheit, daß — ohne daß er es selber weiß — wie bei Bileam der Fluch unversehens zum Segensspruch wird.

[6] Vgl. Verf. Die Bedeutung des Erdarchetyps, op. cit.

[7] Eine Berücksichtigung der Deutungen W. Frängers wurde bewußt vermieden, da deren Haltbarkeit höchst zweifelhaft ist.

Bei dem tragischen Widerspruch, in den irdischen Farben einer einzigartigen Palette die verfluchte, den Dämonen ausgelieferte Erde darstellen zu wollen, siegt in großartigster Weise diese Erde triumphierend über sein mittelalterliches Weltbild. Deswegen zeigt z. B. sein kreuztragender Christus und die Veronika auf diesem Bilde (Abb. VI) in Wirklichkeit nichts Mittelalterliches, sondern im Gegenteil eines der modernsten aller zukünftigen Probleme: Den Großen Einzelnen zusammen mit seiner «Seele» in der Vereinsamung inmitten des Massenmenschen.

Noch bis zur französischen Revolution, dem philosophischen Materialismus und der etwas verspäteten dogmatischen Aufnahme der Madonna in den Himmel reicht diese Wirkung des aufsteigenden Erdarchetyps, der ein zentraler Bestandteil des neuen Kulturkanons sein wird. Erst heute beginnt dieses Geschehen faßbar zu werden, damit beginnt aber auch wieder die Verwandlung dieses Archetyps im Psychischen und ins Psychische, wie es eine der größten Dichtungen unserer Zeit ausgesprochen hat:

«Erde, ist es nicht dies, was du willst: unsichtbar
in uns erstehn? — Ist es dein Traum nicht,
einmal unsichtbar zu sein? — Erde! unsichtbar!
Was, wenn Verwandlung nicht, ist dein drängender Auftrag?
Erde, du liebe, ich will [8].»

Dem Künstler geschieht das der Zeit Nötige, ohne daß er es sieht, ohne daß er es will, ja meistens ohne daß er es sogar in seiner eigentlichen Bedeutung begreift. Deswegen steht er dem Seher, dem Propheten und dem Religiösen nahe. Gerade wo er nicht den bestehenden

[8] R. M. Rilke, Duineser Elegien, IX.

Abbildung V

Johannes der Täufer (Louvre, Paris)

Abbildung VI

Die Kreuztragung (Musée des Beaux-Arts, Gand)

Kanon repräsentiert, sondern ihn wandelt und umstürzt, erhebt sich seine Funktion zu sakraler Bedeutung, denn was aus ihm spricht, ist echte und direkte Offenbarung des Numinosen.

Die Menschheitsentwicklung mit ihrer Spezialisierung und Differenzierung hat dazu geführt, daß die in der psychischen Ursprungssituation vorhandene durchgängige Nähe jedes Einzelnen zur Tiefenschicht verloren gegangen ist. Da die Kultur auch eine Sicherung gegen das Numinose ist, sind die Vertreter des Kulturkanons, die ihn repräsentieren, keineswegs mehr dem Urfeuer der direkten inneren Erfahrung nahe. Es ist dies auch nicht ihre Aufgabe, denn sie vertreten den bewußtseinsfähigen und rationalen Aspekt der archetypischen Welt, das, was das künstlich-kulturelle Gehäuse des Lebens zu sichern und zu festigen bemüht ist. Damit aber ist die schöpferische Auseinandersetzung mit dem Numinosen dem nicht auf Repräsentation des Kulturkanons eingestellten Einzelnen zugefallen, und einer der wesentlichen Schauplätze dieser Auseinandersetzung ist die Kunst als die Gestaltwerdung der Bezogenheit des schöpferischen Einzelnen zum Numinosen.

Indem der Künstler dem Antrieb der Tiefenschicht folgt, erfüllt er nicht nur seinen Sinn, sondern auch den seiner Epoche. In der Ursprungssituation mußte der Künstler oder jeder Einzelne, der den Kultgegenstand zu gestalten hatte, sich reinigen, um in einen transpersonal erhöhten und herausgehobenen Zustand zu gelangen, in dem er erst fähig war, das gestaltende Instrument der Mächte zu werden. Was in der Ursprungssituation als Ritual in wissentlicher Vorbereitung und in Übereinstimmung mit dem Kollektiv erfolgt war, geschieht in der Moderne dem Künstler, indem er als Außenseiter der Gesellschaft in die Einsamkeit und in das Ausgeliefertsein an den schöpferischen Impuls in ihm selber gerät.

Wir wissen, daß die schöpferische Gewalt des Unbewußten das Individuum mit der autonomen Kraft eines Triebes ergreift und von ihm Besitz nimmt, ohne im mindesten auf das Individuum, sein Leben, sein Glück oder seine Gesundheit Rücksicht zu nehmen. Die Kollektivnähe des Schöpferischen äußert sich gerade darin, daß es wie jeder Trieb dem Willen der Spezies im Gegensatz zu dem des Individuums dient. So ist der Schöpferische zwar Organ des Transpersonalen, gerät aber als Individuum in Konflikt mit dem Numinosen, das ihn ergreift.

Die Rangordnung der Phänomene des schöpferischen Ergriffenseins reicht dabei von den tiefsten und unbewußtesten Stufen der Besessenheit und Somnambulie bis zur höchsten Stufe des bewußten Annehmens bei voller Verantwortung und bei stärkster Beteiligung eines mitgestaltenden und interpretierenden Bewußtseins.

Ein ähnlicher Konflikt beherrscht die Beziehung des Künstlers zu seinem Kollektiv und seiner Zeit. Wenn er den Kulturkanon zu kompensieren hat, setzt das voraus, daß er von ihm erfaßt worden ist und ihn in sich erlebt und überlebt hat. Nur im wenn auch unbewußten Leiden an der Not seiner Kultur und seiner Zeit gelangt er zu der neu aufbrechenden Quelle, welche den Durst seiner Zeit in Zukunft zu stillen bestimmt ist. Das heißt, der Schöpferische ist, wenn auch in oft unsichtbarer Weise, mit seiner Gruppe und ihrer Kultur tief verbunden, tiefer als die Normalmenschen, die in der Sicherheit des Kulturgehäuses und seiner Werte leben, aber sogar tiefer als die Repräsentanten dieser Kultur selber.

Auch in den Schöpferischen aber herrscht, weil das Transpersonale der psychischen Tiefenschicht in ihnen das Übergewicht hat, die Einheitlichkeit des psychischen Feldes. Denn obgleich die schöpferischen Menschen, sich meistens gegenseitig unbekannt, ohne Einfluß aufeinander und jeder unabhängig vom anderen ihr Schicksal erleiden und gestalten, scheint eine einheitliche Kraft alle die Menschen zu bestimmen, die jeweils den Kulturkanon kompensieren oder einen neuen gestalten. Sie alle werden in einer Richtung bewegt und folgen eher einem unbekannten Impuls in ihnen selber, als daß sie einen vorausgeplanten neuen Weg gingen. Man nennt das, ohne sich weiter darüber Rechenschaft zu geben: «Zeitgeist».

Man kann später, um den Zeitgeist zu erklären, analysierend Kausalreihen herstellen, welche die gleiche Richtung der unabhängig von einander schaffenden Menschen zu deuten versuchen, aber nur ein Teil dieser — nachfolgenden — Kausalisierungen ist überzeugend. Es ist noch das Bescheidenste, wenn wir formulieren, das, was in unzähligen schöpferischen Individuen und auf den verschiedensten Gebieten in Philosophie und Dichtung, in Malerei und Musik, in der Wissenschaft und in der Politik, sich gleichzeitig durchsetzt und den Geist einer Zeit, jeder Zeit, prägt, sei ein Überpersönliches und Unbewußtes.

Auch hier sind wir zwar nicht geneigt, die Rolle des auf die bewußten Probleme antwortenden Bewußtseins zu unterschätzen, aber wir müssen doch den Direktiven des kollektiven Unbewußten mehr Bedeutung, ja die entscheidende Bedeutung, einräumen.

Auf allen diesen Stufen der Beziehung der Kunst zur Zeit: der Selbstdarstellung des Unbewußten, der Repräsentation und der Kompensation des Kulturkanons, bleibt das psychische Feld, in das der Einzelne eingebettet ist, das Bestimmende. Das heißt, trotz aller Wandlung in den Stadien der Menschheitsentwicklung ist in diesen Phasen die Kollektivbedingtheit des Individuums sein Schicksal.

Aber die Individualisierung des Künstlers schreitet im Laufe der Menschheitsgeschichte unaufhaltsam fort, und seine ursprüngliche Anonymität ebenso wie seine Integriertheit in die Gruppe löst sich auf. In dem Maße, in dem allgemein die Ich- und Bewußtseinsentwicklung zunimmt und deutlich wird, befreit sich die Physiognomie des einzelnen Künstlers aus der Anonymität und aus der Dominanz des ihn umfassenden Stils. Diese Individualisierung des schöpferischen Menschen ist der Anfang zu seiner Individuation, d. h. zu der letzten Form der Beziehung der Kunst zur Epoche.

Diese letzte Phase wollen wir umschreibend als das Transzendieren der Kunst bezeichnen. Sie fußt, so scheint uns, auf einer individuellen Entwicklung des Künstlers, die ihn zum Großen Einzelnen macht, der eben die Bindung an das Kollektiv außen wie innen «transzendiert». Hier handelt es sich also nicht mehr darum, Instrument des schöpferischen Willens des Unbewußten zu sein, aber auch nicht, einen Ausschnitt der archetypischen Welt zu repräsentieren, oder das Bestehende der Kultur aus den Tiefen des kollektiven Unbewußten zu regenerieren oder zu kompensieren.

Das grundlegend Neue und Andere dieser Stufe ist, daß der Künstler hier die Schicht des «Zeitlosen» erreicht. Und so ungern wir auch derartige Worte gebrauchen, diese Stufe des Künstlerischen ist nicht ohne Worte wie «Ewigkeit», «Wesensschau» und «metaphysische Erfahrung» zu kennzeichnen.

Obgleich jede schöpferische Darstellung eines Archetyps die eines Ewigen ist und die Archetypen die eigentlichen Inhalte der Kunst sind, ist das Ewige eines Kunstwerks keineswegs auf den ersten Blick zu erfassen. Gerade weil die Kunst der Menschheit in so hohem Maße der Repräsentation des Kulturkanons gewidmet ist, muß auch für ihr Verständnis immer wieder ein Bezirk von historischem Wissen, eine Orientierung um die Voraussetzungen des Kulturkanons, zu dem das Kunstwerk gehört, erarbeitet werden. Man wird mir hier vielleicht widersprechen wollen, aber welche Selbstverständlichkeit ist uns heute die Größe der asiatischen oder der primitiven Kunst, und dann denke man an Goethes Urteil über die indischen Fratzen und an die Beurteilung der Primitiven von vorgestern. — Die Möglichkeit, eine Welt-Kunst zu erfahren, gehört überhaupt erst zu den für unsere eigene Zeit und für den modernen Menschen charakteristischen Phänomenen.

Mußten aber nicht auch fast alle großen Künstler unserer eigenen Kultur, von Rembrandt bis Bach, von Cervantes bis zu Greco, neu entdeckt werden? Auch hier sind wir die Erben einer Tradition, die uns sehen, hören und neu erfahren gelehrt hat. Ein neues Wissen um den Menschen entdeckt immer wieder auch neue Kunst und neue Ewigkeit des Kunstwerkes.

In diesem Sinne ist auch der Ewigkeitswert der Kunst nur für ein erweitertes Bewußtsein erfahrbar, denn welche Figur eines Christus ist ohne die Lehre des Christentums, welche Figur des Buddha ohne Buddhismus, und welcher Shiva ohne ein Wissen um die Lehre vom Kreislauf der Welten voll erfaßbar.

Ist also die Stufe des Transzendierens eine Illusion, können wir wirklich nur die Relation des Kunstwerkes zu uns und die zu seiner eigenen Zeit erfahren, und ist das Höchste dessen, was wir einem Künstler zuschreiben können, daß er, wenn wir von dem Ewigkeitscharakter des gestalteten Archetyps absehen, seiner eigenen Zeit um eine Nasenlänge voraus war?

Das, was hier mit «Transzendieren» gemeint ist, wird am leichtesten durch einen Hinweis auf die Alterswerke der großen Künstler verständlich werden.

Wir sind es gewöhnt — und auch dies ist eine Errungenschaft des letzten Jahrhunderts im Abendlande, in dem die Gestalt des Einzelmenschen in den Vordergrund gerückt ist —, uns für die Biographien der Künstler zu interessieren, und wir erfahren ihr Leben wie das mythologische Leben der Helden der Vorzeit, nur daß diese Großen Einzelnen uns näher sind und wir uns ihren Leiden und Siegen verwandter fühlen, so daß uns, bei allem Abstand, die Würde unseres Einzeldaseins durch sie wie verbürgt scheint. Es ist keine leere Neugierde, die uns die Kurve ihres Lebens verfolgen läßt, sondern sie sind uns in dem Sinne vorbildlich, daß ihr Werk und Leben die Einheit darstellt, die wir Individuation nennen, und um die wir uns selber in dem uns kleiner gesteckten Maßstab zu bemühen haben.

Es scheint nun, daß jeder Einzelne dieser Künstler alle die Stufen durchschreiten muß, die wir zu charakterisieren versucht haben. Er beginnt mit dem Antworten auf einen schöpferischen Trieb in ihm, der, wie in der Phase des Selbstausdrucks des Unbewußten, zur Gestaltung überhaupt drängt. Dann gerät er, aufwachsend, in die Bedingtheit durch seine Epoche und wird als Schüler zum Erben und Sohn der Tradition seiner Kultur.

Aber ob der Künstler langsam der Tradition seiner Zeit entwächst oder sie im ersten Sprung überfliegt und das Neue bringt, das der Zeit fehlt — schließlich gerät er fast immer, wenn er nicht auf der Stufe der Repräsentation des Kulturkanons stehen bleibt, was kein wirklich Großer je getan hat, in die Einsamkeit. Diese Einsamkeit ist aber unabhängig davon, ob er als Olympier gefeiert wird, als in kleinem Kreis angesehener Organist lebt, oder in Taubheit, in Armut oder im Wahnsinn endet.

Immer scheint für diese Großen die Auseinandersetzung mit den Mächten in ihnen und mit der Zeit außer ihnen schließlich zu einem sich Aussprechen zu werden, in dem sie fast über die Kunst und die Symbolwirklichkeit ihres schöpferischen Lebens hinausgeraten. Hier realisiert sich ein Jenseits der archetypischen Mächte als inneres Leben der Welt unabhängig davon, ob dieses als Form und Gesetz der Musik, als Leidenschaft des Lichts und der Farbe, des Gebildes oder des Gedichtes erscheint. Das — was aus einem Selbstbildnis des alten Rembrandt oder aus dem Ende des Faust II, aus den letzten Shakespearedramen oder aus einem späten Tizian, aus der Kunst der Fuge oder aus einem Quartett Beethovens zu uns spricht — ist immer eine seltsame Verklärung, der Durchbruch in ein Wesentlichstes; und immer ist dies Transzendieren unabhängig vom Objekt der Gestaltung und von den Elementen der Form und des Stils, obgleich die souveräne Überwindung der Form und der Gestalt eines der Elemente dieses Transzendierens zu sein scheint.

In der menschlichen Gestaltung erscheint auf dieser Stufe eine symbolische Welt des Numinosen, in der die Gegensätze von Innen und Außen ebenso überwunden scheinen, wie die von Natur und Kunst, und das Numinose des Hintergrundes der Welt, von Natur und Psyche, gelangt in diesen Werken heimlicher Alchemie zu seiner Synthese.

Gerade diese alt gewordenen Meister scheinen in die Ebenbildlichkeit eines Urschöpferischen geraten zu sein, das als Vorweltliches und Außerweltliches zwar am Anbeginn in die Gegensätze von Natur und Psyche auseinandergetreten ist, seinem Wesen nach aber beide ungetrennt in sich vereinigt.

In der schöpferischen Einsamkeit der Großen Alten kommt es zum Übersteigen der Grenzen der Epoche und zu einem Hinaustreten aus der Befangenheit des ich- und zeitgebundenen Bewußtseins. Hier beginnt deutlich zu werden, daß die höchste alchemische Verwandlung des Künstlerischen nur der Ausdruck der alchemischen Verwandlung der Persönlichkeit des Großen Einzelnen selber ist. Während er anfangs, sei es von den Mächten mitgerissen oder in Widerstand gegen sie, jedenfalls aber von ihnen abgehoben sein Werk getan hatte, verschiebt sich der Schwerpunkt in dem Maße, wie sein Ich selber von dem integriert wird, was als schöpferisches Selbst von Anfang an die dirigierende Kraft seines Daseins gewesen war. Die Gegensatzspannung, die ursprünglich zwischen dem Ich, dem numinosen Hintergrund und der Welt außen bestanden hatte, wird aufgehoben und in der höchsten Form dieser transzendierenden Kunst von einem schöpferischen Akt abgelöst, der Geist-Natur und verklärte Natur ist.

Deswegen ist der Stil dieser Alterswerke nicht mehr

charakterisierbar, denn die schöpferische Integration der Persönlichkeit transzendiert die Bedingtheit jeder zeitgebundenen Form.

Diese Kunst bezieht sich nicht mehr bewußt oder unbewußt auf irgendeine historische Zeit, sondern der Einsamkeitsmonolog dieser «äußersten» Werke spricht gewissermaßen in die Leere. Dabei ist es nicht eigentlich auszumachen, ob es ein Monolog ist, oder ein Dialog zwischen dem Menschen und dem Letzten, zu dem er spricht. Daher die Entfremdung dieser Großen inmitten ihrer Zeitgenossen — sie alle haben, wie der alte Laotse, den Gebirgspaß der Welt hinter sich gelassen.

Wenn wir diese transzendierende Kunst religiös nennen, dürfen und können wir dies, weil wir die Gläubigkeit Bachs und die atheistische Unendlichkeit einer chinesischen Landschaft als zwei Formen solchen Transzendierens nebeneinander erfahren können und beide ebenso wie die anderen vielfältigen Ausdrucksformen dieser letzten Gestaltungen als ein höchstes Religiöses ansehen, das die schöpferische Menschheit hervorzubringen imstande ist.

Und auch hier müssen wir bekennen, daß erst unserer angeblich so religionslosen und, wie doch täglich behauptet wird, so untergangswürdigen Zeit das Gefühl für diese große und zentrale Zusammengehörigkeit erfahrbar geworden ist. Überall, wo die traditionsgebundene Kunst das Wesen des Archetyps erfaßt, tut sie es, indem sie ihn in ein Festes und der menschlichen Welt Zugewandtes einbaut. Auch wenn es der Tod des Heilands, die Meditation des Buddha oder die ausstrahlende Macht eines Göttlichen ist, immer gilt es, dies Ewige als zu Preisendes, als Vorbild und als Darstellung des Transpersonalen in die Wirklichkeit einer

Sicherheit gebenden, weil geglaubten Welt hineinzubeugen.

An den seltenen Stellen aber, wo das Phänomen des Transzendierens statthat, ist es als ob das Transpersonale, obgleich es durch das Medium des Menschlichen gegangen ist, zu seiner eigenen Objektivität gelangt sei und gewissermaßen mit sich selber spricht. Hier ist nichts mehr auf die Welt oder den Menschen, auf das Ich oder das Kollektiv, auf Sicherheit oder Unsicherheit bezogen, sondern der schöpferische Akt, der geheimnisvoll ebenso in der Natur wie in der menschlichen Psyche Gestalt und Leben schafft, scheint sich selber zu erfahren und aufzuleuchten wie ein Licht, das in sich selber zurückfällt. Es ist, als ob hier das Gestaltschaffende zu seiner eigenen Befreiung kommt, indem das, was im Menschen als schöpferisches Selbst innen erfahrbar wird und als weltschöpferisches Selbst außen zur Erscheinung kommt, auf der Ebene der künstlerischen Gestaltung sich vereinigt und sich als symbolische Wirklichkeit durchschaut.

Natürlich ist es unmöglich, dieses Transzendieren objektiv und allgemeingültig für alle, die ein Kunstwerk erleben, bestimmten Werken der Kunst zuzuordnen. Es mag genügen festzustellen, daß es diese Stufe gibt, und daß es möglich ist, sie an einem Werk menschlicher Kunst zu erfahren. Ob dem einen dies an einer Landschaft Leonardos oder einem Gedicht Goethes, einem anderen an irgendeinem anderen Werk geschieht, bleibt sich dabei gleich. Jedenfalls werden wir sagen dürfen, daß nur an höchsten und seltenen Werken und auch nur für einen Menschen, der von sich aus für ein derartiges Transzendieren offen und vorbereitet ist, eine solche Erfahrung möglich wird. Denn auch die höchste Form künstlerisch schöpferischer Wirklichkeit, die im Werk objektives Dasein gewonnen hat, muß in der Subjektivität menschlichen Erlebens wiedergeboren werden. Und eine der wesentlichen Aufgaben aller Kunst scheint es uns gerade zu sein, die archetypische Wirklichkeit des Transpersonalen im Individuum in Bewegung zu setzen und den Menschen auf der höchsten Stufe des künstlerischen Erlebens selber zum Transzendieren zu bringen, d. h. ihn über die Zeit und Epoche, aber auch über die begrenzte Ewigkeit der archetypischen Verwirklichung in der Gestalt hinaus und zu der zeitlosen und leuchtenden Bewegtheit des Welthintergrundes zu führen.

In diesem Sinne ist auch die höchste Kunst der Weg, das sehen zu lernen, von dem Rabbi Nachman von Bratzlaw sagt:

> «Wie die Hand vors Auge gehalten den größten Berg verdeckt, so deckt das kleine irdische Leben dem Blick die ungeheuren Lichter und Geheimnisse, deren die Welt voll ist, und wer es von seinen Augen wegziehen kann, wie man eine Hand wegzieht, der schaut das große Leuchten des Welteninnern [9].»

II

Eine Betrachtung über die Kunst unserer eigenen Zeit wird natürlich dadurch erschwert, wenn nicht fast unmöglich gemacht, daß wir in das psychische Feld, von dem sie ein Teilgebiet darstellt, selbst noch ganz eingeschlossen sind. Es muß deswegen kurz auf die Darstel-

[9] M. Buber, Chassidische Bücher, S. 32.

lung der Zusammenhänge zurückgegriffen werden, die bereits vorher von uns angeschnitten worden sind.

Wir wollen dies anhand eines Schemas verdeutlichen (Abb. VII). Die linke Seite des Schemas stellt die «Kultur im Ausgleich» dar, das Eingebautsein eines Kollektivs und einer Zeit in den Kulturkanon. Der obere Bogen trägt die höchsten Werte der Zeit, die als Symbole, Bilder und Ideale das transpersonale Medium sind, in dem die seelisch-geistige Existenz des Kollektivs verwurzelt ist. Zu jedem dieser höchsten Werte gehört ein Archetyp des kollektiven Unbewußten, dessen Ort im unteren Teil des Schemas angedeutet ist. Dabei ist gewissermaßen die Tiefe und Wertigkeit des Archetyps, der in der Projektion auf einen höchsten Wert des Kulturkanons erfahren wird, der Höhe seines Standes in der «Himmelswölbung» parallel.

Für das Kollektiv ist die Welt des Kulturkanons ebenso transpersonal wie die Welt des kollektiven Unbewußten. Die Zugehörigkeit des oberen zum unteren Bogen und der beiden Bögen zur Psyche der Gruppe und des Einzelnen ist unbewußt.

Die Einheit des Lebens in diesem relativ geschlossenen Raum ist, solange das Obere dem Unteren entspricht, gesichert und geordnet. Denn das Kollektiv und der in die Gruppe eingeordnete Einzelne wird in der ausgeglichenen Kultur von den Kräften der Tiefe gespeist. Teils fließen sie der Persönlichkeit über das Bewußtsein zu, das mit den Sternbildern des Kulturkanons in Religion, Kunst, Brauch, Wissen und täglichem Leben in direkter Verbindung steht, teils wird das Unbewußte von den im Kulturkanon enthaltenen Archetypen bewegt.

Das rechte Schema stellt den Versuch dar, den Kanonzerfall, wie er für unsere Zeit und die ihr vorhergehenden hundert bis zweihundert Jahre charakteristisch ist, zu skizzieren. Der Ausgleich innerhalb der Spannung des psychischen Feldes ist verloren gegangen. Das ist so dargestellt worden, als ob die Archetypen, die den Kanon konstelliert hatten, gewissermaßen «abwandern». Demgemäß verfallen die Symbole, die ihnen entsprechen, und die einheitliche Wölbung der Wert-Welt bricht ein, weil die Untergrundsordnung sich auflöst. Genau so wie in einem Termiten- oder Bienenstaat Chaos und Panik ausbricht, wenn die in der Königin installierte Macht des Zentrums zugrunde geht, entsteht auch hier im Kollektiv mit dem Zerfall der kanonischen Ordnung Chaos und Panik.

Dieses Chaos und die zu ihm gehörige Weltuntergangsstimmung wird zunächst keineswegs dadurch verringert, daß andere Archetypen sich annähern, wodurch möglicherweise überhaupt der Zerfall des alten Kulturkanons eingeleitet worden ist. So wie im Altertum und Mittelalter entsteht Angst, wenn Sterne fallen, Kometen sich über den Himmel bewegen und grauenerregende Veränderungen des Firmaments und schreckenerregende Vorzeichen den Untergang einer Weltepoche ankündigen, der für die betroffene Generation der Untergang der Welt überhaupt zu sein scheint.

Denn so wie archetypisch jedes Neujahr oder wie in Mexiko der Beginn jeder neuen Jahreswoche eine Gefahrenzeit des Gerichts und des Untergangs ist, ist auch der Beginn jeder neuen Kulturepoche mit all den Phänomenen verbunden, welche den Abschnitt einer neuen Weltzeit charakterisieren. Nur hin und wieder und zunächst nur wenigen Einzelnen wird, wenn der verdüsterte Himmel des zerfallenden Kanons einmal zerreißt,

I

KULTUR IM AUSGLEICH

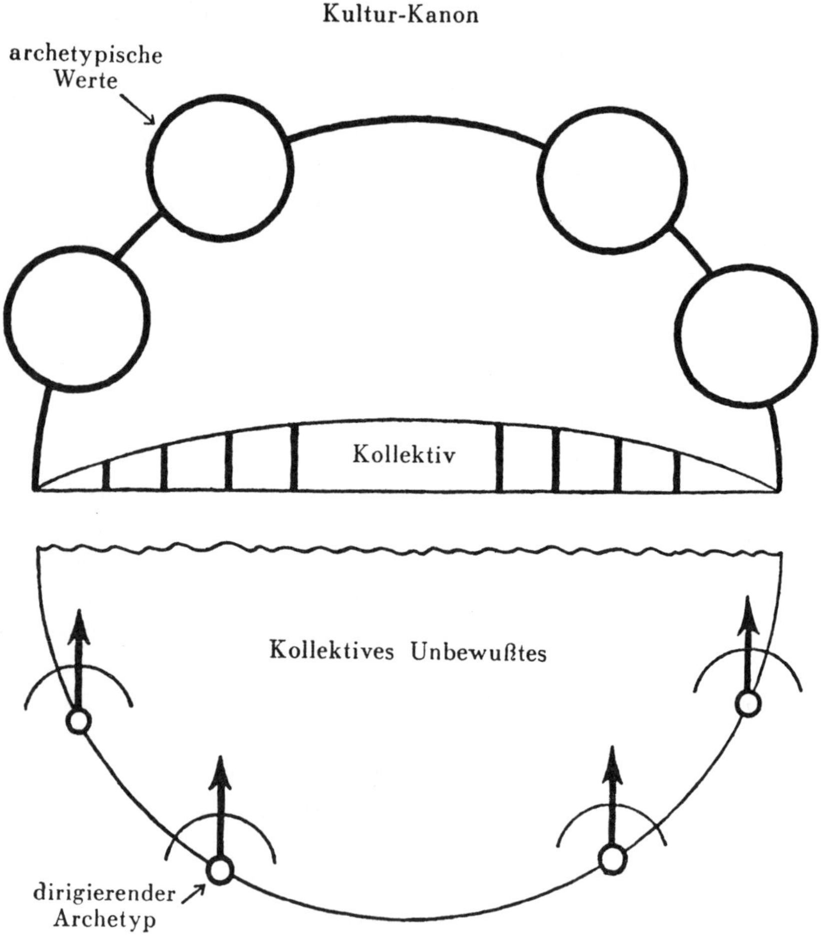

Abbildung VII

II
KANONZERFALL

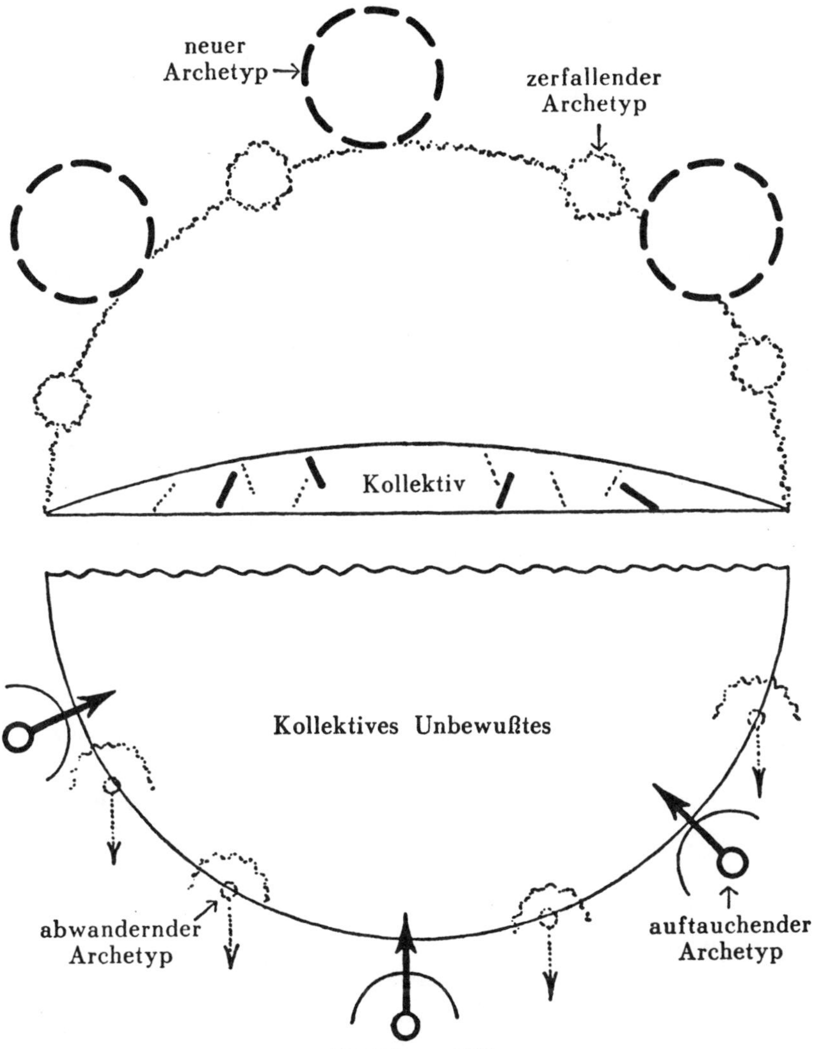

Abbildung VII

ein neues Sternbild sichtbar, welches bereits zu dem neuen Kanon transpersonaler Werte gehört und seine Konfiguration ankündigt.

Man braucht heute nicht mehr bei der Schilderung dessen zu verweilen, was aus der abendländischen Kultur in den letzten Jahrhunderten und besonders im letzten Jahrhundert geworden ist. Die Kulturkritik der großen Opponenten, inbesondere von Marx, Kierkegaard, Nietzsche und Freud haben hier das Ihre geleistet. Die festgefahrene Selbstgewißheit und Selbstbehaglichkeit dieser Zeit, ihre Verlogenheit, ihre Sicherheit im Besitz alles Guten, Wahren, Edlen und Schönen, ihre Unangefochtenheit durch jedes Elend nebenan, ihr missionarisch-imperialistisches Selbstbewußtsein, den Gipfel der Menschheit darzustellen, der Viktorianismus dieser Zeit mit dem Hintergrund von Prostitution und Pariser Cancan — all dies ist Ausdruck der inneren Aushöhlung von ursprünglich gültigen und durch die Menschheit in unendlicher Anstrengung erworbenen Werten.

Inzwischen sind alle diese Attrappen morsch geworden, und wir befinden uns in einer Phase des Kanonzerfalls, dessen allgemeine Symptomatik das Bild unserer Zeit und ebenso ihren inneren Ausdruck in der Kunst geprägt hat und immer noch prägt.

Dieser Zerfall scheint mir im Großen ein durchaus analoger Prozeß zu dem zu sein, was wir vom Einzelmenschen kennen, wenn sein individueller Kanon, die Wertwelt seines Bewußtseins, aus welchen Gründen auch immer einstürzt.

Der Verfall der Sicherheit und der Geborgenheit im Kulturkanon äußert sich zunächst in einem Gefühl von Isoliertheit und Verlorenheit, von Heimatlosigkeit und

Un-Heimlichkeit, das sich im Laufe der letzten hundert Jahre ungemein verstärkt hat.

Wahrscheinlich noch niemals hat es in der Literatur oder in der Malerei — um nur diese Beispiele zu nehmen — eine derartige Fülle von isolierten, d. h. unter sich verschiedenen Künstler-Individualitäten gegeben. Der Begriff der Schule, der Tradition, der Stileinheit scheint gesprengt. Natürlich vermögen wir — im Abstand — trotzdem Zusammengehörigkeiten zu erkennen, aber doch ist es so, als ob jeder Einzelne gemeint habe, von vorne anfangen zu müssen.

Man denke, um nur aus der Malerei der letzten sechzig Jahre einige herauszugreifen, an das Nebeneinander von Figuren wie Cézanne, van Gogh, Gauguin, Rousseau, Munch, Klee, Matisse, Chagall, Picasso — etwas derartiges hat es in der Geschichte noch niemals gegeben. Jeder von ihnen ist eine Welt für sich, ein Neuversuch für sich, eine Einsamkeit für sich und eine Bemühung, sich gegen das Chaos zu wehren, oder aber das drohende Chaos zu gestalten, jeder in der ihm eigentümlichen Verzweiflung. Nicht zufällig hören wir ja in unserer Zeit so viel von der Verlorenheit des Einzelnen und dem Nichts. Die tiefste Beunruhigung, das Unsicherheitsgefühl eines Bodenverlustes und einer Weltauflösung, das in diesen Malern lebt, bewegt aber ebenso die modernen Dichter und Musiker.

Natürlich existiert, so wie es auch noch eine voranalytische Psychologie gibt, auch heute noch eine Kunst, die vorgestrig ist. Aber die verlogene Harmlosigkeit dieser Pseudokunst, die das Leben mit dem Licht längst untergegangener Gestirne zu erhellen versucht, ist nicht weniger unheimlich, als die moderne Kunst, die zu unserer Zeit gehört. Für diese Schönheit von vorgestern gilt das Wort des I-Ging: «Aber der Edle wagt es nicht, nach der Anmut große Fragen zu entscheiden [10].» Und es geht heute um größte Fragen.

Darum muß die Wahrheit heute wie noch nie auch ein Mut zum Chaos sein. Wie es in dem Faustus-Roman Thomas Manns, dieser Gestaltung der tiefsten Einsicht in das Wesen unserer Zeit, von der Apokalypse Leverkühns heißt, welche die ganze Verzweiflung unserer Zeit ausdrückt, sie sei beherrscht von dem Paradoxon: «daß die Dissonanz darin für den Ausdruck alles Hohen, Ernsten, Frommen und Geistigen stehe, während das Harmonische und Tonale der Welt der Hölle, in diesem Zusammenhang also einer Welt der Banalität und des Gemeinplatzes vorbehalten ist» [11].

Wenn die Welt der Sicherheit zerfällt, verschlingt den Menschen unweigerlich die Nigredo, die Schwärze und das Chaos der prima materia, und die zwei großen archetypischen Gestalten, die des Teufels und der furchtbaren Mutter, beherrschen nun die Welt. Die Gestalt des Teufels ist die des Schattens, des Bösen, der Depression, der Verdunkelung des Lichtes und der grellen Dissonanz. An anderer Stelle habe ich ausführlicher diesen Einbruch der Dunkelseite in die abendländische Welt darzustellen und, zum Mißvergnügen aller Schönfärber, ihre ethische Konsequenz herauszuarbeiten versucht [12].

Man erinnere sich der großen Linie, die mit Goethes Faust und dem Doppelgängerproblem der Romantik beginnt: Melvilles' Moby Dick, Poe, Baudelaire, Trakl, Heym, Kubin, Kafka und als ihre Erben der Kriminal-

[10] R. Wilhelm, Der Mensch und das Sein, S. 211.
[11] Th. Mann, Dr. Faustus, S. 573.
[12] Verf. Tiefenpsychologie und neue Ethik, 1949.

roman und -film. Man bedenke, wie die düstersten Prophezeiungen dieser Ahnenreihe über das Elend, die Krankheit, das Verbrechen und den Wahnsinn der Menschheit wirklich geworden sind und in schwarzen Horden dunkelsten Menschentums unsere Welt erschüttert haben. Die Hölle, die Nigredo, ist frei geworden und erfüllt wie auf den Bildern Boschs unsere Wirklichkeit. Wer an dieser Schwärze fast erblindet ist, glaubt weder, daß die Natur gut, der Mensch edel, der Fortschritt natürlich, noch daß die Gottheit ein «lieber Gott» sei.

Zu dieser Verdunkelung gehört das Heraufkommen der Dissonanz ebenso wie das Aufgeben des «Schönen» zugunsten des Wahren, ja des sogenannten Häßlichen. Die Dissonanz als Charakteristikum der Moderne ist aber nicht nur in Gestalt der negativen Schatten*inhalte* in unser Bewußtsein eingebrochen, sondern ist auch von allen Arten des *Form*zerfalls begleitet. Hinter dem Archetyp des Satans und der ihn umgebenden Schwärze, von deren Anprall die morsche Welt des alten Kulturkanons zerfallen ist, taucht nun die verschlingende und furchtbare Große Mutter auf, die Herrin der Zerstückelung, der Zerreißung und des Wahnsinns. Und überall in der Kunst der Moderne sehen wir diese Desintegration im Zerfall und in der Zerstückelung der Form.

Es ist, als ob sich die Libido aus der bisher rund und sicher geformten Außenwelt zurückzieht und nach innen abfließt. So wird in der Malerei die bis dahin als wirklich aufgefaßte Welt zu einer Welt des Scheins und der Illusion. Dieser Prozeß beginnt schon im Impressionismus mit seinem Aufgeben der «scheinbaren Tiefe», der Perspektive, der optischen Hautoberfläche, der Ge-

genstandsfarben und der Außeneinheit des Bildes. So wie im Malerischen die Bildform mit den Gesetzen der Komposition gesprengt wird, wird die Romanform aufgelöst. Die Reihe Goethe, Dostojewski, Proust, Joyce ist keine Reihe des Verfalls, aber er ist eine Reihe der immer bewußter werdenden Auflösung von sprachlicher Form, menschlicher Gestalt und Einheit des Werks.

Man denke an Dostojewski. Hier ist nicht mehr ein plastisches Individuum gegeben, sondern psychische Bewegung, welche alle Form, auch die des Individuums, sprengt, und letzten Endes werden die numinosen Mächte der Innenwelt dargestellt, nicht mehr der Einzelne.

Die analoge Auflösung der plastischen Einzelfigur durch das Kollektivgeschehen finden wir bei den großen Gestaltern, z. B. Balzac und Tolstoi. Die Gruppe oder die Zeit wird zum eigentlichen «Helden», nicht mehr das Individuum. Das besagt bei ihnen noch nicht, daß der Einzelne nicht mehr als Einzelner charakterisiert wird, oder daß die dichterische Formung unbetont sei. Aber es geht schon hier um eine kollektive Gesamtgestalt, die dargestellt wird, nicht etwa nur soziologisch, sondern viel allgemeiner: Der Krieg, das Geld, die Ehe usw. Es handelt sich um transpersonale Gewalten, nicht mehr um den nur persönlichen Roman. Und wo der Familienroman als solcher auftritt, da handelt es sich um Geschlechterketten, Zeitwandlungen und um die Darstellung von Epochen und ihres Zerfalls.

Einheit von Raum, Zeit und Handlung, Einheit der Charaktere, Plastizität der Einzelgestalt, der Bildungsroman — wie harmlos und vergangen scheint uns das heute, wo überall das Chaos und die Vernichtung durch das Chaos droht, und jedes ernsthafte Kunstwerk der Moderne direkt oder indirekt von diesem Problem ergriffen ist und mit ihm ringt. Denn auch wo die Fragestellung anders aussieht und als Problem der Dekadenz oder als Problem der Form, auch wo sie philosophisch oder soziologisch, theologisch oder psychologisch gefärbt erscheint — wenn man versucht, all dies zusammen zu sehen, dann wird nicht nur eine ungeheure Angst sichtbar, sondern das deutliche Bewußtsein einer höchsten Gefahr. Und dies lange schon vor unserer Epoche der Weltkriege und Atombomben. So daß es geradezu umgekehrt aussieht, als man es uns oft glauben machen will [13]. Innen ist das Chaos zuerst sichtbar geworden, von innen her droht die Gefahr, und nach innen gewandt ist die Kunst der Moderne wie kaum eine Kunst zuvor.

Der Verzicht auf Außen-Einheit, auf Quasi-Wirklichkeit, ist Ausdruck der Überwältigung von innen her, und die Zerstückelung, Zerreißung und Zerfetzung dessen, was als wirklich galt, reißt wie eine Explosion in Durchbrüchen und Einbrüchen alles bisher für wirklich Gehaltene fort.

Diese Zerreißung der Form äußert sich auch in der Sprache — am deutlichsten bei Joyce — als durchbre-

[13] Es ist höchst fraglich, ob wir alle diese Erscheinungen von dem Zerfall unserer Gesellschaftsstruktur ableiten können. Es läßt sich mit ebenso viel Recht umgekehrt nachweisen, daß der vom Unbewußten her bedingte Zerfall des Kulturkanons auch zum Untergang der Gesellschaftsstruktur führt. Sinnvoller als die typologisch bedingte Überbetonung von Kausalisierungen durch die Innen- oder auch die Außenseite der Welt scheint auch hier die Erkenntnis, daß es sich um ein einheitliches psychisches Feld handelt, das beide Welten umfaßt, und in dem gleichzeitig Veränderungen vorgehen. Gerade die prophetische Kulturprognose z. B. Heines und Nietzsches erweisen, daß man ebenso von innen wie von außen her zur Diagnose der Zeit kommen kann.

chender Sprachstrom, als unwillkürlich werdendes Schöpferisches.

Gerade an dieser Stelle sind die Psychoanalyse und die Tiefenpsychologie, die analoge Phänome auf einer anderen Seite des psychischen Feldes unserer Zeit darstellen, in die gesamte moderne Kunst, nicht nur in die Literatur, eingebrochen und haben ihre Entwicklung auf allen Gebieten befruchtet. Die Methode der freien Assoziation ist ja ebenso ein profundes Werkzeug für die Entdeckung von Tiefeninhalten und ihrer Bewegung wie eines der Zerstörung der Form und der Systematisierungstendenz des Bewußtseins, die nun als Trug und Fassade und letzten Endes als ein Gebilde der «Außenwelt» ohne innere Wahrheit erscheint.

In Wirklichkeit ist dieser Einbruch des Irrationalen in die Kunst der legitime Ausdruck der Zeit, lange bevor der Surrealismus ihn als Aushängeschild benutzte. Das Aufgeben der Bewußtseinskontrolle ist nur die Konsequenz des Zerfalls des Kulturkanons und der Werte, an denen sich ein Bewußtsein überhaupt hat orientieren können. Und wenn Traum, Krankheit und Wahnsinn vom Surrealismus zum eigentlichen Inhalt der Kunst erhoben und unbewußtes Kritzeln und Malen als höchstes Ziel angesetzt werden, dann ist dies nur die nachfolgende Karikatur dessen, was die großen schöpferischen Persönlichkeiten an Leiden erfahren haben, denn sie alle stehen im Zeichen der Zerreißung des Orpheus durch die Mänaden.

Deswegen scheint die Kunst, soweit sie Ausdruck unserer Zeit ist, zunächst nur aus Bruchstücken zu bestehen, die als Einzelnes gesehen nicht mehr den Vollkommenheitscharakter eines «Werkes» haben. Ebenso ist es verständlich, daß für die Flut der «kleinen»

Künstler die Kanonlosigkeit der Situation zum «Kanon» wird, und daß so die «Ismen» entstehen.

Aber auch hier scheiden sich die großen von den kleinen Geistern. Die Großen benutzen diese Situation als Werkzeug mit allem Bewußtsein und lösen die konfigurierte Außenwirklichkeit in einen Strom von innen kommender, in Wirklichkeit aber doch gesteuerter Gefühls- und Inhaltsbewegungen auf, heißen sie nun Klee oder Chagall, Joyce oder Thomas Mann. Die kleinen Geister aber sind diesem Prinzip programmatisch verfallen und erfreuen sich und die Welt mit der dichterischen und bildnerischen Darstellung ihrer Inkontinenzen und mit der Exhibition ihrer persönlichen Komplexe wie z. B. Dali [14].

Die modernen Maler der letzten sechzig Jahre sind von einer Gewalt erfaßt, die ihr Dasein zu zerstören droht. Alle diese Künstler sind nicht mehr im Sinne der alten Maler Meister, sondern Opfer — auch da, wo sie meisterlich diese Situation bewältigen. Die Zerreißung der Außenweltsform ist damit verbunden, daß es für diese Künstler ein zu wissendes und handhabbares Können in der Kunst fast nicht mehr gibt. Sie leiden alle an der Vergewaltigung durch die inneren Mächte, die sich dämonisch in ihnen durchsetzen. Ob sie wie Munch in die Einsamkeit und Krankheit, wie van Gogh in den Erlösungsstrom des Wahnsinns, wie Gauguin zu den fernen Inseln einer Primitivwelt, oder wie Picasso in die amorphe Welt der inneren Umwandlung getrieben werden — die Verzweiflung und gewaltsame Anstrengung, die aus allen ihren Biographien spricht, steht in

[14] Diese Kritik bezieht sich auf einen Teil der Inhaltlichkeit des Dalischen Werkes, betrifft keineswegs seine davon unabhängige große malerische Begabung und Phantasie.

völligem Gegensatz zu der geruhigen und eine Tradition fortsetzenden Art früherer Künstler.

Die Verzerrung und das Groteske, die Beunruhigung und Not des Überschwemmtwerdens vom Unbewußten erkennen wir bei dem frühen Klee und bei Kubin, bei Odilon Redon und Ensor, aber auch bei Lautrec und bei Munch. Die Unheimlichkeit und die Angst eines Weltuntergangs zeigt sich nicht nur in den Bruchlinien der Bilder von Picasso und Braque, sondern ebenso in den wie aus desorganisierten Teilen zerfetzter Leiber zusammengesetzten Plastiken der Moderne.

Aber die Traumwelt Chiricos und die Geistwelt Barlachs hängen ebenso miteinander zusammen wie mit Rimbaud und Rilke, mit dem so anders konfigurierten Zauberberg und mit Hesses Steppenwolf. Über allen steht die Beunruhigung, der Einbruch der «Anderen Seite», die Kubin [15] intuitiv vorweggenommen hat.

Mit dem Verschlungenwerden der Oberwelt durch die furchtbare Mutter, mit der blutigen Zerreißung und Zerstückelung des Oberen in den Ritualen, die unsere Kriege sind, bricht nicht nur die irrationale Welt des Dämonischen und Magischen, sondern auch die des Elementaren in unsere Welt ein. Der Strom der aus dem zerfallenden Kanon nach innen, ins Unbewußte, strömenden Libido belebt alles, was sich dort an Vergangenem und an Künftigem befindet.

Deswegen das Auftauchen der Kunst der Primitiven, der Kinder, der Geisteskranken, alles ist noch in Mischung und fast unartikuliert. Diese Phase des Weltstandes in lebendiger Wahrheit zu gestalten ist deswegen fast unmöglich, weil es ein noch fast gestaltloser Zustand der schöpferischen Auflösung ist, in dem wir

[15] A. Kubin, Die andere Seite, illustrierter Roman, 1908.

uns befinden, protoplasmatische Form, gemischt mit Zerfallendem und Künftigem, amorph, atonal, disharmonisch, vorweltlich.

Denn Schwärze und Nigredo heißt Auflösung der Unterschiede und Formen, des Gewußten und Sicheren. Und wie beim Einzelnen das Abfließen der seelischen Libido in die Schwärze einen Zustand der Auflösung in den psychischen Anfangszustand, die materia prima oder das Chaos, mit sich bringt, in dem die psychische Ursprungssituation der participation mystique belebt wird, finden wir das gleiche Phänomen allgemein in der modernen Kunst wieder. Damit führt die Auflösung der Außenwelt, der Form und des Einzelnen zunächst zu einer Enthumanisierung in der Kunst.

Die lebendige Energie verläßt die menschliche Form, die bis dahin ihr höchstes Ideal gebildet hatte, um außermenschliche und vormenschliche Formen neu zu beleben. An die Stelle der menschlichen Gestalt, die psychologisch die Entsprechung zur im Ich und im Bewußtseinssystem zentrierten Persönlichkeit ist, tritt die anonyme Lebendigkeit des strömenden Unbewußten, des Schöpferischen in der Natur und in der Psyche.

Dieser Prozeß zeigt sich schon bei der Landschaftsmalerei der Impressionisten. Die Wandlung beginnt mit der Außenwelt, die psychifiziert wird und immer mehr Objektcharakter verliert. Die Wandlung vom Malen eines Stückes Außenwelt zum Malen um des Malens willen, das nur nach der Eigengesetzlichkeit des Bildes, der Farbe und der Form fragt, besagt, daß ein psychisches Symbol an die Stelle eines Objekts tritt. Dieses psychische Symbol hat aber zu dem Stück Welt, auf das es sich bezieht, den engeren, gefühlsbetonteren und innerlicheren Kontakt der Verbundenheit in der participation mystique, im Gegensatz zu einem naturalistischen Bild der Objektwelt, dessen Gestaltung vom Bewußtsein her diktiert und in voller Distanz «gemacht» wird.

So erscheint in den modernen Bildern eine sonderbare Weltmischung, eine Einheit von Welt und Psyche, in der Stücke von Landschaften, Kuben und Kreise, Formen, Farben, Teile von Menschen, organische und unorganische Bestandteile, Kurven, Traumfetzen, Erinnerungsbilder, entkonkretisierte Objekte und sich konkretisierende Symbole in einem seltsamen Einheitskontinuum zu schwimmen scheinen. Es ist ein einheitlicher Weltstrom des Anfangs, ähnlich dem, von dem der Mythos berichtet, daß bevor unsere Welt mit ihren uns bekannten Gestalten geschaffen wurde, zunächst nur Teile, Arme, Köpfe, Augen, Rumpfstücke usw. noch ohne ihren inneren Zusammenhang geboren wurden, der erst in späterer Geburt auftauchte.

Ob man diese Ursprungswelt bei Picasso dargestellt findet, oder ob er sich in der kubistischen Bemühung ihrem Chaos entgegenstellt, ob Chagall in Übereinstimmung mit dem Lebensstrom der Farbe lyrisch in dieser Welt schwebt oder Klee mit dem Wissen eines Eingeweihten den geheimen Kontrapunkt ihrer inneren Ordnung ziseliert, immer ist der verbindende Strom der participation mystique das Bestimmende, der als Innenstrom losgelöst von dem Schein der äußeren Wirklichkeit seinen eigenen Gesetzen folgt.

Das alles ist entkonkretisiert, und wenn Korken und Kekse, Papierfetzen oder anderes in das Bild hineingefügt werden, wird durch dieses quasi Konkrete das fast Geisterhafte dieser Materialisationsphänomene der Psyche nur noch augenfälliger. Dynamik statt Komposition, Energetik der Farben und Formen statt Illusion der Außenwirklichkeit, eher das Amorphe als das Konventionell-Faktische, lieber Abgrund und Zerfall als Behagen und «Stilleben».

Diese Entkonkretisierung äußert sich natürlich auch in der Tendenz der Malerei zur Zweidimensionalität, welche die Körperlichkeit der Welt und des Körpers zugunsten der dynamischen Bewegung von Form und Farbe auflöst, ein Prozeß übrigens, der seine Analogie in der Wissenschaft hat, in der Physik ebenso wie in der Psychologie.

Dämonisierung des Menschlichen, Vermenschlichung der Dinge: ein Gesicht zerfällt in Farben und Formen, ein Farbfleck blickt mit einem menschlichen Auge. Alles springt um, einmal ins Leer-Banalste, einmal in einen Abgrund des Weltleidens, einmal in eine mystische Verklärung der Farbe — und am besten noch wird dies alles ineinandergequirlt und durcheinander gemischt mit Unverstehbarem — und sieht denn das Leben nicht wirklich so aus — gerade so? Aber wenn wir diese moderne Kunst auch als echten Ausdruck unserer Zeit erfahren können — ist sie noch in dem gleichen Sinne Kunst, in dem bisher Kunst erfahren wurde? Und wenn es auch gerade selber Entartete waren, welche für die moderne Kunst den Begriff «entartete Kunst» geschaffen haben — ist unsere Kunst nicht wirklich abwegig geworden?

Seien wir vorsichtig! Denn hier den Stab zu brechen, heißt, ihn über uns selber brechen. Wenn dies entartet ist, so sind auch wir entartet, denn unzählige Einzelne erleben den gleichen Verfall des Kulturkanons, das gleiche Unheimlichwerden der Welt, die Vereinsamung, und das Hochsteigen der Schwärze mit dem Schatten und dem verschlingenden Drachen. Die Desintegration und die Dissonanz dieser Kunst sind auch die unseren, und sie zu verstehen heißt, uns selber zu verstehen.

Wenn die Notwendigkeit des Ausdrucks aus der Intensität der Erfahrung des Einzelnen stammt, wie kann der moderne Mensch, dessen Welt vom Chaos bedroht wird, nicht zunächst dies Chaos schöpferisch gestalten müssen. Nur wo das Chaos überwunden wird, taucht das auf, was hinter ihm liegt, und der Kern der Frucht des Chaos ist vielleicht kostbarer als der Kern jeder anderen Frucht. Es gibt heute kein Zukünftiges, das sich nicht dieser Gefahr des Chaos hat aussetzen müssen, keine Religion, keine Kunst und keine Ethik.

Denn auch hier gilt die Forderung der neuen Ethik [16], die weder das beliebige Vergnügen eines philosophierenden Verstandes, noch das Ergebnis einer unglücklichen ethischen Konstitution ist, sondern ein tiefstes Anliegen unserer Zeit. Hier scheiden sich die Geister, heutig oder gestrig. Wem nicht die Ohren klingen und sich nicht die Augen von den Konzentrationslagern, Verbrennungsöfen und Atomexplosionen unserer Wirklichkeit trüben, von der Dissonanz unserer Musik, den zerbrochenen und zerfetzten Gebilden unserer Malerei und der Wehklage des Dr. Faustus, der mag sich getrost in den Unterstand alter Sicherungsmethoden zurückziehen und in ihm untergehen. Wir aber müssen wieder neu den Apfel der Erkenntnis essen, der uns aus dem Paradies des Glaubens an den nur guten Menschen und die nur gute Welt hinausführt. Auf die Gefahr hin — das ist durchaus zuzugeben —, daß wir an ihm ersticken. Aber es bleibt kein anderer Weg als das Annehmen des Bösen, der Schwärze und der Desintegra-

[16] Verf. Tiefenpsychologie, op. cit.

tion, die so verzweifelt aus der Kunst unserer Zeit aufsteigt, und die so verzweifelt in ihr bejaht wird.

Offenbar geht es in unserer Zeit darum, so paradox das klingen mag, wenn wir es theologisch formulieren, ein Stück Satan zu erlösen. Es ist nicht ohne Sinn, daß ich noch keinem Menschen begegnet bin, dem z. B. die Vorstellung einer Hölle als einer ewigen Strafe und die Vorstellung der absoluten Verdammung geradezu unvollziehbar ist. Die Hölle ist uns nicht mehr un-menschlich und fremd, denn wir sind dieser Hölle in uns und außer uns zu nah, und wir sind alle, bewußt oder unbewußt, ergriffen von dem numinosen Gesetz der Wandlung, das zwar in die Hölle führt, aber auch durch sie hindurch und hinaus.

Wieder muß ich aus dem Dr. Faustus den die Tragödie abschließenden Satz der Frau Schweigestill zitieren: «Viel hat er von der ewigen Gnade geredet, der arme Mann, und ich weiß nicht, ob die reicht. Aber ein rechtes menschliches Verständnis, glaubt mir, das reicht für alles [17].»

Man muß diesen Satz aber richtig verstehen, er ist nicht stolz und nicht hochmütig, er ist im Gegenteil verzweifelt bescheiden. Wir wissen wirklich nicht mehr, ob die Gnade reicht, gerade weil wir so sind, wie wir sind und uns zu sehen beginnen, wie wir sind. Aber in einer überwältigenden Wendung zwingt uns gerade die Fragwürdigkeit der Gnade oder besser noch, dieses Wissen um unsere Gnadenunwürdigkeit zum Verstehen und zur Liebe des Menschlichen, das wir selber sind. Und man könnte meinen, daß gerade hinter dieser tiefsten Wendung zum Dunkel hin wieder der Archetyp des Großen Weiblichen als Erde und als Sophia sicht-

[17] Th. Mann, Dr. Faustus, S. 763.

bar wird, ist es doch nicht zufällig gerade die Muttergestalt der Frau Schweigestill, die diesen Satz ausspricht.

Das heißt, gerade im Chaos, gerade in der Hölle erscheint auch hier das Neue, so wie die Kwanjon gerade in die Hölle hinabsteigt und nicht bei musizierenden Verklärten ihre Zeit verbringt.

So geht es der modernen Kunst nicht um Schönheit und gewiß nicht um «ästhetischen Genuß»! In diesem Sinne sind die modernen Bilder auch keine Museumsstücke. Da sie nicht primär von einem dirigierenden Bewußtsein gestaltet sind, können sie nur dann wirken und fruchtbar werden, wenn der Betrachter selber in einer adäquaten psychischen Situation ist, d. h. nicht in seinem Ich-Bewußtsein zentriert, sondern der eigenen Tiefe zugewandt oder zumindest ihr gegenüber offen ist. Es ist in ihnen ein psychisches Gefälle nach innen, das sich wie ein Wasserfall in den Abgrund des Unbewußten, in die Ungegenständlichkeit eines unpersönlich Gestaltlosen ergießt. Eine Fülle dieser Werke — soweit es nicht Schulwerke sind, von denen zu sprechen sich nicht verlohnt — sind in ihrem Animismus, der die Innenwelt und das in participation mystique miteinander Verbundene belebt, von einer heimlich-unheimlichen Geladenheit, die mit einemmal unerwartet den erschrockenen, ergriffenen und überwältigten Beschauer wie ein Dämon anspringen kann, irgendwo, irgendeinmal. Dann aber kann es einschlagen, denn die Welt der modernen Kunst lebt zwischen Chaos und Urbild und ist erfüllt von plasmatischen Kräften, aus denen sich dieses Plötzliche mit einemmal konfigurieren kann.

Zeitweise erscheinen in dieser Kunst die Mächte selber, so in der gespenstischen und von Dämonen bewegten Welt Kubins, den Masken Ensors und in geringerem Maße bei Dali. Die gegenständliche Darstellung der Mächte wird von der Moderne zwar mehr oder weniger abgelehnt, wenn sie sich noch der Merkmale der dämonischen Wirklichkeitsgestalt bedient, aber die Vielfalt der Möglichkeiten, die Mächte darzustellen, ist außerordentlich groß. Sie reicht von der Wirklichkeit Barlachs, die das hervorragendste Beispiel einer vom Unsichtbaren bewegten Welt ist, über die plastischen Abstraktionen Henry Moores bis zur abstrakten Grotesk-Dämonie Picassos.

Denn die Verzerrung, Verschiefung und Verdrehung ins Grotesk-Grauenhafte ist ein archetypischer Aspekt des Dämonischen. Wenn aber die Desintegration der Außenwelt und die Belebung der transpersonal psychischen Welt ein Charakteristikum der modernen Kunst ist, wird es verständlich, daß eine Notwendigkeit darin liegt, die Mächte in ihrem eigenen — d. h. aber psychischen — Territorium zu gestalten und nicht in ihrer Verkleidung in die Natur. Analog dazu ist in der Kunst der Primitiven häufig Abstraktheit der Form die der Geister- und der Totenwelt entsprechende Gestalt.

So wie die Archetypen wie Magneten ein Feld von Eisenfeilspänen das Psychische in der für sie charakteristischen Gestalt ordnen, so geschieht das auf dem Bild des modernen Malers. Und wie die Urzeit seltsame Gestalt- und Symbolanordnungen als Niederschlag der Mächte kennt, so auch die moderne Kunst, die zu dieser Urphase der gestaltenden Dämonenbeschwörung zurückgekehrt ist.

Wenn im Abendlande zunächst die Welt der Idee des Schönen dem Künstler als Objekt aufgegeben war, der diese verklärte Wirklichkeit der Vision zu konkretisieren hatte und später mit dem Auftauchen des Erd-Archetyps diese Idee des Schönen in das Lebendige selbst eingesenkt schien, so hat in der Moderne die Entwicklung dazu geführt, das Statisch-Ontologische all dieser Grundkonzeptionen aufzulösen. Die Mächte werden als reine Dynamik sichtbar, und ihre Inkarnation im Menschen und im Objekt verflüchtigt sich.

Die Erfassung des Numinosen, das jeden Kanon zerstört, jedes feste System auflöst, jede Formprägung relativiert, führt zu einer Preisung des Göttlichen als einer einbrechenden Macht, die wie Shiva selber als Herr der Zerstörung über einer zusammenbrechenden Welt tanzt. Und es liegt nahe genug, unsere Welt und ihre Kunst in diesem Sinne — dem der Zerstörung — mißzuverstehen. Denn wir alle sind noch gewohnt, an feste Bilder zu glauben, an absoluten Ideen und Werten festzuhalten, den Archetyp nur als ewige Präsenz zu erfahren und nicht auch als gestaltlose Dynamik, und das Grundgebot der Gottheit zu vergessen, das da heißt: «Du sollst dir kein Bildnis machen und keinerlei Gestalt.»

Es wäre aber ein völliges Verkennen der Situation unserer Zeit und unserer Kunst, wenn man ihre Beziehung zum Chaos nur negativ charakterisieren wollte. Denn eins ist allen diesen Künstlern gemeinsam, sie alle haben die Wahrheit des Schöpferischen erfahren, daß der Geist wehet, wo er will, und selbst, wo sie anscheinend spielerisch den Zufall walten lassen, ist dies nicht nur der Verzicht eines ratlos gewordenen Ich auf das Wissenkönnen, sondern auch der tiefere Glaube an die Möglichkeit, daß im Zufall und hinter ihm eine größere Wahrheit wirksam ist. Deswegen wird oft als Gestaltungsunfähigkeit gedeutet, was in Wirklichkeit

Verzicht auf Gestaltung ist. Schon der Prozeß der Rückauflösung, der zur participation eines umfassenden Weltgefühls führt, enthält konstruktive und schöpferische Elemente einer neuen sich andeutenden Weltschau.

Die Deflation des Menschlichen führt zu einer Erweiterung des Welt- und Lebensgefühls, das noch über die Einheit, die alles Menschliche der Erde miteinander verbindet, hinausgeht. Nicht zufällig erscheint heute im Zentrum der modernen Mandalas so selten ein Menschliches, so oft eine Blüte, ein Stern, eine Quelle, ein Licht, ein Auge oder die Leere selber. Hier wird eine Gleichgewichtsverschiebung vom Bewußtsein weg und zum Schöpferischen hin sichtbar, in der etwas Neues sich durchsetzt.

Diese Verschiebung kommt vielleicht am deutlichsten in den Bildern Chagalls zum Ausdruck, welche die synthetische Kraft der Gefühlswirklichkeit der Seele am reinsten spiegeln. Die Leuchtkraft der inneren Farben und die vom Strom der Symbole gelenkte innere Bewegung konstelliert hier eine Bildwirklichkeit, die ein echtes Gleichnis des inneren Erlebens der Psyche ist. Und jenseits alles Chaos und doch zutiefst mit ihm vertraut taucht hier in unserer Welt eine neue Art seelischer Schönheit, psychischer Bewegtheit und irrationaler Einheit auf, deren blütenhaftes Wachstum — wie in anderer Form nur bei Klee — bis in die tiefsten Schichten der Seele und ihrer Geheimnisse hinabreicht [18].

Unsere Kunst hat ebenso viele Offenbarungen des Urbildes wie des Chaos erfahren. Nur die einfachste Form dieses Neu-Auftauchens der Urwelt spiegelt sich,

[18] Vgl. diesen Band, S. 141 ff.

wo die Welt der Primitiven als ihr Repräsentant auftritt, die archaische Form gesucht wird wie bei Gauguin oder wie bei Rousseau die Urbilder in naiver Großartigkeit wieder sichtbar werden: die Wüste, der Urwald, die Große Mutter als Schlangenbeschwörerin, der Kampf im Urwald oder im Gegensatz dazu die Welt des Kleinbürgers, der Blumenstrauß usw.

Das animistisch-pantheistische Gefühl der archetypisch belebten Welt zeigt sich in der Eigendynamik der Naturform, wie bei Cézanne, den Kubisten, in der modernen Plastik. Aber diese Eigendynamik bildet nicht nur bei van Gogh und Munch, sondern bei allen Modernen, ob sie Porträts, Landschaften oder abstrakt malen, psychische Landschaften, in denen die Stimmung, der Gefühlsstrom der Farbe, die innere Musik von Ur-Gefühl, Ur-Linie, Ur-Form und von Ur-Konstellationen der Form und der Farbe der eigentliche Ausdruck der Mächte sind. Diese Mächte können in allem und jedem, im Wind und im Kubus, im Häßlichen und Absurden ebenso wie im Stein oder im Strom — und schließlich unter allem anderen auch im Menschlichen — sichtbar werden als Bewegtes, niemals aber als Festes und zuverlässig Gegebenes.

Denn die Kunst unserer Zeit neigt einem radikalen Spiritualismus zu, einer Feierung der heimlichen Herrschaft der außer- und überpersönlichen Mächte des Lebens und des Todes, welche aufs stärkste den durch das Auftauchen des Erdarchetyps bedingten archetypischen Materialismus, der das Außenbild unserer Zeit bestimmt [19], von innen her kompensiert.

Deswegen ist es ein großes Mißverständnis, diese Kunst als intellektuell zu bezeichnen, was sie nur in

[19] Vgl. Verf. Die Bedeutung des Erdarchetyps, op. cit.

ihren Mitläuferformen ist, und ihren religiösen und im wahren Sinne des Wortes metaphysischen Impetus zu verkennen. Es ist das anonyme Schöpferische selber, das als wesentliche Wirklichkeit einer von jedem Außen unabhängigen menschlichen Kunst erfahren wird. In diesem Sinne steht über unserer Kunst wie über unserer Zeit der alte chinesische Satz, den Richard Wilhelm einmal zitiert hat: «Der Himmel bekämpft die Wesen im Zeichen des Schöpferischen [20].»

Kompensatorisch zu dem Zerfall des Kulturkanons und dem Verlust der Orientierung an bestehenden Werten kommt es beim Einzelnen wie bei der Gruppe zu einer Belebung des kollektiven Unbewußten. Ihr einer innerpsychischer Ausdruck ist heute die moderne Kunst, aber auch «welthaft» außen wird diese Belebung sichtbar, indem eine Flut religiöser, geistiger und künstlerischer Formen der Welt, in der das kollektive Unbewußte zur Erscheinung gekommen ist, in das Bewußtsein des Abendlandes einbricht.

Die Künste der verschiedenen Epochen und Religionen, Völker und Kulturen wollen in unserem Erleben zusammentreten, und in den Symbolen der Ergriffenheit ihrer Gläubigen, die im Kunstwerk lebendig ist, erfassen uns die Götter aller Zeiten, und wir stehen überwältigt vor diesem inneren Pantheon der Menschheit. Sein Ausdruck sind die Kunstwerke der Welt, die als das ungeheuerliche Netz numinoser Gestaltung sichtbar werden, von welchem das Menschliche umfaßt wird, obgleich es diese Welt selber hervorgebracht hat.

Die Würde des Menschlichen erweist sich uns nun in seiner Wirklichkeit als Schöpfer, wie es im Modernen und im Indianer, im Neger, im mittelalterlichen Chri-

[20] Richard Wilhelm, op. cit., S. 234.

sten und im Buschmann uns entgegentritt. Sie alle sind Mitschaffende an einer höheren Wirklichkeit, eines transpersonalen Daseins, dessen Strahlung über die Zeiten und Kulturen hinweg den Menschen in seiner höheren schöpferischen Wirklichkeit zeigt und ihn zu ihr erregt.

Die Offenbarung des Numinosen spricht aus jedem schöpferischen Menschen, auf welcher Kulturstufe er auch stehen mag, und in welcher Form sich sein Schöpferisches auch manifestiert. Denn es sind für uns nur verschiedene Aspekte des Transpersonalen, das in dem einen Individuum religiöse, im anderen gestaltende, in wieder einem anderen forschende oder ethische Berufungen in Bewegung setzt. Die Brüderlichkeit *aller* dieser Ergriffenen ist gerade eines der großen humanen Phänomene, die uns heute zu erfassen beginnen, wo, wie in noch keiner Weltzeit zuvor, die ungeheuerliche Welt dessen sichtbar wird, was im menschlichen Bezirk geboren worden ist.

Die Religionen der Welt, die Heilande der Welt, die Weisen der Welt, die Revolutionäre, die Propheten und nicht zuletzt die Künstler der Welt — alle diese großen Gestalten gehören für uns zusammen ebenso wie das, was sie geschaffen haben. Wir, nicht nur Einzelne, beginnen, uns von der Vorgegebenheit unserer nur personalen Bedingungen wenn auch nicht zu befreien, denn das können wir nicht, so doch uns von ihr zu distanzieren. Der afrikanische Medizinmann und der sibirische Schamane steht für uns in gleicher menschlicher Würde neben Moses und Buddha, und ein aztekisches Bildwerk steht neben einer chinesischen Landschaft und einer ägyptischen Plastik, die Upanishaden neben der Bibel und dem Buch der Wandlungen.

Im Zentrum jeder Kultur und Zeit stehen andere numinose — oder wie wir sagen archetypische — Mächte, aber alle sind ewig, und alle rühren an das ewige Dasein des Menschen und der Welt. Ob es der Wille zur Dauer in Ägypten, die Urangst Mexikos oder die menschliche Helle und Klarheit Griechenlands ist, die Gläubigkeit des Psalmendichters, die Heilsfigur des leidenden Jesu oder die des sich ins Unendliche zurücknehmenden Buddha, die Macht des Todes in Shiva, das Licht Rembrandts oder die Leere der islamischen Moschee, die blühende Welt der Renaissance, die aufflammende Erde van Goghs oder ihre Dunkelheit in afrikanischen Dämonenfiguren, alles ist Zeuge von der Ewigkeit menschlichen Ergriffenseins.

Denn das, was das Schöpferische bestimmt, ist nicht die Natur, nicht das Kollektiv, nicht ein bestimmter Kulturkanon, sondern ein sich in den Generationen und Völkern, in den Zeiten und in den Individuen Wandelndes, dessen unbedingter Anspruch den Einzelnen aufruft, und ihn, wo er auch sei und wer er auch sei, zwingt, den «Abrahamsweg» zu gehen, das Land der Geburt, die Mutter und das Haus des Vaters zu verlassen und das Land zu suchen, das die Gottheit zeigt.

Die Fülle des Menschlichen zu integrieren, ist eine der wesentlichen Aufgaben unserer Zeit. Zwei Formen der Integration tauchen heute nebeneinander auf, die, so verschieden sie voneinander zu sein scheinen, in ihrem Wesen zusammengehören, eine äußere und eine innere, eine kollektive und eine individuelle. Das eine ist die unserer Kultur aufgegebene Integration der Weltkultur mit allen ihren Inhalten. Die Überschwemmung durch die einbrechenden kollektiven Inhalte der Welt führt zunächst zum Chaos — im Einzelnen ebenso wie im Ganzen. Wie soll der Einzelne, wie soll unsere Kultur dem gewachsen sein, Christentum und Antike, China und Indien, Urzeit und Moderne, Propheten und Atomphysiker als das e i n e Menschliche zu integrieren? Aber die Aufgabe ist da und läßt weder den Einzelnen noch die ganze Welt frei. Wenn auch unsere atavistische Wirklichkeit so aussieht, daß Kriege toben und Völker sich ausrotten, die in uns lebendige Wirklichkeit tendiert, ob wir es wissen oder nicht, wahrhaben wollen oder nicht, zu einem universalen Humanismus.

Diesen äußeren Prozeß der Integration kompensiert aber ein innerer, die Individuation des Einzelnen. Auch diese innere Integration besteht ja nicht nur aus der Integration der persönlichen Inhalte des Einzelnen. Mit dem Auftauchen des kollektiven Unbewußten muß sich das Individuum von innen her mit den selben Mächten auseinandersetzen, deren Integration ihm als Weltkultur außen aufgegeben ist.

Unsere Konzeption vom Menschen beginnt sich zu verändern. Bisher sahen wir den Menschen vorwiegend in der Horizontale der Geschichte, eingebettet in seine Gruppe, seine Zeit, seinen Kulturkanon, bestimmt durch seinen Weltort, der mit einer einmaligen Weltzeit zusammengehört. All dies ist zweifellos wahr, aber wir beginnen, den Menschen daneben in einer neuen Weise — vertikal, in seiner Beziehung zum Absoluten — zu sehen.

Die Persönlichkeit jedes Menschen reicht mit ihren unteren und oberen Wurzeln über den historischen Raum seiner Gegebenheit in die Welt des Numinosen hinaus. Und wenn wir dem Lauf dieser Wurzeln folgen, geraten wir durch alle Schichten der Zeit und der Vorzeit. Wir begegnen dem Wilden mit seinen Masken und Riten in uns selber, und wir geraten nicht nur an die Wurzeln unserer eigenen Kultur in uns, sondern auch an die Meditation Asiens und an die magische Welt des Steinzeitmenschen. Die Auseinandersetzung mit dieser transpersonalen Welt der Mächte und des Menschlichen muß geleistet werden, bei allem Wissen um die eigene Unzulänglichkeit, das gerade der moderne Mensch hat.

Der zentrale Konflikt, Bestehen auf der Wahrheit der eigenen Problematik und Unvollkommenheit, und die Notwendigkeit der Integration einer ungeheuerlich reichen und überschwemmenden, durch keine kanonische Macht geformten äußeren und inneren Welt — zwischen diesen zwei Polen ausgespannt leiden der moderne Mensch, unsere Zeit und unsere Kunst.

Eine derartige Integration der Fülle und des Chaos ist aber nicht in einem einzelnen Akt möglich. Er ist nicht in einer Einzelkonstellation zu erfüllen, sondern nur in einem Wachstumsprozeß der Individuation zu leisten, der die Wandlungsstadien eines ganzen Lebens umfaßt, und in dem jede einzelne Konfliktsituation schöpferisch bis zu dem Punkt vorgetrieben wird, welcher der jeweiligen Ganzheit des Menschen erreichbar ist. Vielleicht sind deswegen die Wege der großen Künstler unserer Epoche immer mehr oder weniger Leidenswege. Die Aufgabe der Integration, die sich dem großen Künstler heute stellt, ist nämlich nicht mehr in einem einzelnen Werk zu leisten, sondern, in einem Maße wie nie vorher, nur durch eine Einheit von Leben und Werk innerhalb der Wandlung [21]. So sind van

[21] Vgl. dazu: Leonardo da Vinci und der Mutterarchetyp, in diesem Bande.

Goghs Bilder nicht mehr einzelne Bilder, sondern ein mit seinem Leben zusammengehörender Bildsturm, von dem das Einzelbild nur ein Teil ist. Aber es ist auch oft nicht mehr die Absicht der Malerei — wenn hier von Absicht die Rede sein könnte —, etwas in der Vollkommenheit eines einzelnen Bildes zu fassen, sondern erst ihr Zusammen stellt die über-malerische Wirklichkeit eines Schöpferischen dar.

In allen modernen Künstlern lebt — ganz anders, als in der Erfülltheit der Kunst in «normalen» Zeiten — eine Art von heiliger Begeisterung in dem Sinn, von dem der I-Ging sagt: «Begeisterung, Donner tönt aus der Erde», «Begeisterung ist Hingebung an die Bewegung».

Ob wir das Werk Picassos betrachten, dessen Ganzheit in der Hingabe an die Größe des schöpferischen Triebes einzigartig ist, der überhaupt nur als Ganzer eine bedeutende Wirklichkeit ist, innerhalb deren aber jeder einzelne Teil problematisch, fragwürdig und nicht mehr «ein Werk» ist, oder wenn wir das Werk Rilkes überschauen, dessen Entfaltung von mädchenhaft klangspielendem Beginn über die Katastrophe zehnjährigen Schweigens zur gigantischen Wölbung der Duineser Elegien führt, ob es der stetige Bau des Werkes von Thomas Mann ist, das in steigendem Maße von der Problematik des Bösen, Kranken und Archaischen im Menschen ergriffen wurde, die er, bei dem der Charakter der Individuation als der Einheit von Leben und Werk am deutlichsten ist, in einzigartiger Weise integriert hat, ob es die tragische Hingerissenheit van Goghs, die geheimnisträchtige Wandlung im Werke Klees ist — alle gehören sie zu uns, alle sind wir, oder besser, von allen sind wir Bruchstücke.

Wir wissen, daß den Kern der Neurosen unserer Zeit das religiöse Problem oder allgemeiner gefaßt das Problem der Auseinandersetzung mit dem Selbst bildet. In diesem Sinne sind die Neurosen ebenso wie die aus dieser Situation resultierenden Massenerscheinungen eine Art «heilige Krankheit». Von ihr ist alles in unserer Epoche ergriffen, aber hinter ihr steht die Gewalt eines numinosen Zentrums, das nicht nur die Normalentwicklung des Einzellebens, sondern auch seine psychischen Krisen und den Wandlungsprozeß, nicht nur die Krankheit, sondern auch ihre Heilung beim Einzelnen und beim Kollektiv wie zu dirigieren scheint.

Diese «Zentroversion» in der Psyche [22] wirkt sich in den Großen groß und in den Kleinen klein aus, aber so wie unsere ganze Kunst, die in ihrer Ergriffenheit auch als neurotisch, in ihrer Neurose aber auch als «heilig» bezeichnet werden könnte, unbewußt oder — in ihren höchsten Gipfeln — auch bewußt von dieser zentralen Kraft ergriffen ist, so ist es auch mit jedem von uns.

So wie die psychische Ganzheit des Einzelnen sich um eine rätselhafte Mitte herum gestaltet, ist in einer ungeheuren Vielfalt das Mandala der modernen Kunst um eine rätselhafte Mitte entfaltet, die als Chaos und Schwärze, als Numinoses und sich Wandelndes einen neuen Weltuntergang, aber auch eine neue Welt gebiert.

So paßt mehr als auf die Schönheit der Kunst irgend einer Zeit auf die ungeheuerliche Schönheit der modernen Kunst, die selber bestreitet, überhaupt Schönheit zu meinen, der Satz Rilkes:

[22] Verf. Ursprungsgeschichte, op. cit.

«Denn das Schöne ist nichts als des Schrecklichen Anfang,
den wir noch gerade ertragen,
weil er gelassen verschmäht,
uns zu zerstören [23].»

Nirgends noch war in einer Kunst der Menschheit das Schöne dem Schrecklichen so nahe wie in der Kunst unserer Zeit. Und so wie die Meister des Zen-Buddhismus ihren Jüngern oft gewalttätig die Nase verdreht oder sie — wie sinnlos — ins Gesicht geschlagen haben, um sie im Rückwurf auf sich selber zur Erleuchtung zu bringen, so schlägt uns, wie unsere Zeit und unser Schicksal, auch die moderne Kunst oft genug mitten ins Gesicht, vielleicht auch, um uns in die Leere des Zentrums zu stürzen, welches das Zentrum der Wandlung und Geburt ist.

Denn bei aller Verzweiflung und aller Dunkelheit, die in uns und in unserer Kunst noch stärker sichtbar ist als die heimlichen Kräfte des Neuen und der beginnenden Synthese, dürfen wir nicht vergessen, daß noch keine Zeit bei so großer Gefährdung des Daseins eine so starke, wenn auch oft unbewußte Bereitschaft hatte, die engen Grenzen ihres Horizontes zu sprengen und sich dem Großen zu öffnen, das aus dem Unbekannten aufsteigen will, hier und überall in der Welt. Mögen wir auch von unseren eigenen Atombomben bedroht sein, jede Zerstörung wird von einem Neuaufbau beantwortet werden, in dem sich die Einheit des Menschlichen deutlicher und unabweislicher durchsetzt.

Das ist gewiß keine Prophezeiung, es ist die Wirklichkeit des Weges, den wir gehen oder besser, auf dem zu gehen wir gezwungen werden. Auf diesem Wege

[23] R. M. Rilke, Duineser Elegien I.

wandeln sich unsere Horizonte in einer Weise, die wir noch selber kaum realisieren, und wir wandeln uns mit ihnen dem Neuen zu, wir alle, diesseits und jenseits aller eisernen Vorhänge, mit denen wir uns gegenseitig verstellen.

Und deswegen sollen wir nicht vergessen, der Mensch unserer Zeit ist, wie die Kunst, die zu ihm gehört, trotz aller Dunkelheit und Gefährdung, eine große Erfüllung und eine noch größere Hoffnung.

BEMERKUNG ZU MARC CHAGALL

Abbildung VIII

Das grüne Auge
(Mit Bewilligung des Syndicat de la Propriété Artistique)

Marc Chagall. Man ist gewohnt, ihn folkloristisch zu deuten, und die seltsame Gestalt des Malers aus Witebsk romantisch zu verstehen. Ob man ihn nun «kindlich» nennt oder primitiv, ob man das Idyllische seiner Kleinstadtjugend oder die jüdischen Züge seines Milieus in den Vordergrund stellt, in jedem Falle mißversteht man seine wesentliche Bedeutung.

Er ist kein großer Maler in dem Sinn, daß das allmähliche Wachstum seiner Werke immer größere Bezirke der Welt außen oder innen umschließt. Er ist auch kein Maler des Umsturzes wie van Gogh, dessen Leidenschaft die sich neugebärende Welt der Moderne in jeder Pinie Südfrankreichs am eigenen Leibe erfuhr. Aber er ist einzigartig in der Tiefe seines Gefühls, das ihn durch die Vordergründe seines personalistischen Daseins zu den Grundsymbolen der Welt trug, dem Hintergrund allen personalen Daseins.

Man hat gesagt, seine Bilder seien Gedichte, sie seien Traumbilder, und man hat damit andeuten wollen, daß die Intention seines Malens sich in eine andere Ebene erstreckte als die Bilder jeder — auch der zeitgenössischen — Malerei. Höchstens der Surrealismus, der Chagall deswegen auch zum ersten Surrealisten ernannt hat, scheint die Intention Chagalls zu teilen, die man in gewissem Sinne gerade eine Intentionslosigkeit nennen könnte. Aber gerade hier erweist sich nicht nur, daß Chagall kein Surrealist ist, der blind und unbewußt im Sinne der freien Assoziation Freuds arbeitet, sondern daß in seinem Werk eine tiefere, aber keineswegs ungestaltete innere Realität sich durchsetzt. Das Traumgesetz seiner Bilder wird durch eine Einheit des Gefühls bestimmt, welche sich nicht nur im Blühen der inneren Farbe entfaltet, sondern ebenso auch in der Zusammengehörigkeit der Symbole, die um die Sinnmitte des Bildes angeordnet sind. Diese Sinn-Zentren der Chagallschen Bilder sind fraglos spontane Produkte seines Unbewußten, dessen Stimmung und Inspiration sein ausübendes Bewußtsein folgt, nicht aber Konstruktionen seines Ich. Die Einheit und Überzeugungskraft seiner Bilder ist Ausdruck seines Gehorsams, in dem er medial die Intention seines Unbewußten aufnimmt und unbeirrt von den Eindrücken und Einflüssen der Umwelt der inneren Stimme, die in Bildern zu ihm spricht, folgt.

Damit rühren wir an eine zentrale jüdische Paradoxie Chagalls, an die Paradoxie eines Prophetismus, in dem die Gottheit nicht — wie von je — im Wort ihn anspricht, sondern im Geheimnis und Bild, ein wesentliches Zeugnis für die fundamentale Umwälzung der inneren seelischen jüdischen Existenz.

Zwar wurzelt auch die Sprache, und die religiös prophetische Sprache mehr als jede andere, im Bildstrom des Unbewußten, aber seine Prägung erhielt das Judentum und auch sein Prophetismus durch den ethischen Akzent eines Bewußtseins, das aus seiner Analogie zur zentrierten Kraft des Ein-Gottes seine eigene zentrierte Kraft ableitete. Durch die Richtung und Forderung dieses prophetischen Willens wurde die Intention der unbewußten Kräfte, die hinter ihm standen, derart zugespitzt und in Weißglut zusammengeschmolzen, daß dagegen die Farben der Bilder abblassen und das vielfältige Blühen des Seelischen an dieser Hitze veraschen mußte.

Aber bei Chagall spricht etwas erstmalig und einzigartig in Bild und Farbe, das der gleichen Seelenschicht entstammt, aus welcher der jüdische Prophetismus seine Kraft bezogen hat. Jedoch in der neuen Zeitsituation eines sich aus der zentralen Tiefe seines Unbewußten wandelnden jüdischen Volkes spricht auch das Prophetische in neuer Sprache neue Inhalte, als ein erster Beginn einer neuen jüdischen Botschaft an die Welt. Die in der Schale einer zwanghaft notwendigen Isoliertheit eingeschränkte Seele des jüdischen Menschen macht sich frei und beginnt, nachdem sie ihre Wurzeln in die Tiefe geschickt hat, mit einem ersten neuen Blühen in die Sichtbarkeit zu treten.

Wie unscheinbar scheint dieser jüdische Provinzialismus Chagalls auf den ersten Blick. Dorfidyllik, Folklore, jüdische Kleinstadt, ostjüdisches Kleinbürgertum und Kindheitserinnerungen, immer wieder Kindheitserinnerungen. Wen aber geht dieses jüdische «Städtel» an, wen die Verwandten und Brautpaare, Sonderlinge und Geiger, Feste und Bräuche, Schabbatleuchter und Kühe, Thorarollen und Dorfzäune. Kindheit, es ist das Milieu, es ist die infantile Welt, von der Chagall nicht losgekommen ist, und zu der er immer wieder, unbeirrt von Paris und Europa, von Weltkriegen und Revolutionen, zurückkehrt. Das mag liebenswürdig und rührend sein, falls man es nicht krankhaft und sentimental finden sollte. Ist das alles, wird man sich mit Recht fragen? Darum so viel Aufhebens machen? Ist dies nicht nur eine Spielart des modernen Primitivismus, nur eine Art farbig-romantischer Volkskunst? Chagall würde keine Antwort geben, wohl auch keine Antwort zu geben wissen, sondern lächelnd seine bunte Welt weitermalen, die gleichen Häuserchen, die gleichen Bilder aus seiner Kindheit und die gleichen farbigen Stücke seiner Frühwelt, Kühe und Geigen, Juden und Esel, Leuchter und Bräute. Dazwischen aber Engel und Monde, und Feuersbrünste und das Auge Gottes im Dorf. Denn was ist Kindheit anderes als die Zeit des großen Geschehens, als die Zeit, in der die großen Gestalten nah sind und hinter der Ecke des nächsten Hauses hervorsehen, in der die tiefsten Symbole der Seele Wirklichkeiten des Alltags sind, und die Welt noch von ihrer inneren Tiefe her leuchtet. Diese Kindheit reicht in die früheste Vorzeit und umfaßt die Engel Abrahams in der gleichen Innigkeit wie den Esel des Nachbarn, sie erfährt die Hochzeit und die Begegnung von Braut und Bräutigam mit der gleichen Freude und in dem gleichen Glanz der Farben wie den Frühling und die Mondnächte der ersten Liebe. In dieser Kindheit gibt es noch keine Trennung von Persönlichem und Überpersönlichem, Nahem und Fernem, innerer Seele und äußerer Welt, sondern hier fließt der Lebensstrom noch ungebrochen und verbindet Gottheit, Mensch, Tier und Welt in einem farbigen Leuchten der Nähe. Diese Gleichzeitigkeit von Innen und Außen, die in der Welt die Seele und in der Seele die Welt faßt, die Gleichzeitigkeit von Vergangenheit und Zukunft, die im längst Vergangenen die Verheißung der Zukunft und in der Angst des Heutigen die Schuld der Vorzeit erfährt, das ist in Wirklichkeit die Kindheit Chagalls, und in seiner Witebsker Erinnerung lebt die ewige Gegenwart der Urbilder.

Darum gibt es in seinen Bildern kein Oben und Unten, kein festes und unbelebtes Ding, aber auch keine

Abgrenzung des Menschlichen vom Tier und des Göttlichen vom Menschlichen. So wie der Mensch noch den Eselskopf seiner Tierheit in der Verzückung der Liebe mit sich trägt, leuchtet das Antlitz des Engels mitten in der Notdurft des Unterganges. Der Seelen-Licht-Strom des göttlichen Lebens, der in der Kindheit noch die Welt durchflutet, ungebrochen durch das Prisma des Verstandes, strömt durch alle Bilder Chagalls, und durch ihn wird alles Wirkliche zum Symbol, jedes Stück Welt ins Geheimnis der Gottheit verwandelt.

Wohl «weiß» Chagall nichts von dem, was ihm in seinen Bildern geschieht, aber diese Bilder selber sagen aus und verkünden ihr Wissen. Da ist die Geliebte, immer wieder und in immer neuen Verwandlungen, als Seele, als Engel und als inspirierende Kraft des Weiblichen. Ob er nun mit dem Eselskopf vor seiner Staffelei steht — wohl sicher ohne von der Eselsgestalt des unverwandelten unteren Menschen Lucius im Roman des Apuleius zu wissen — und die weibliche Seelengestalt mit ihrem ausgestreckten Arm seinen Blick nach oben lenkt, ob es der Engel selber ist, der die Palette führt, oder ob auf einem anderen Bilde die Gestalt der Anima, der Seele, aus der Staffelei heraussieht, immer ist es das unbewußte Wissen, daß ihm die Hand geführt und daß ein Irdisches von einem unirdisch Überpersönlichen inspiriert und dirigiert wird. Während aber das Männliche als tierisch Dumpfes und Erdverbundenes erscheint, blüht das Weibliche in allen Farben verklärten und überirdischen Leuchtens.

Gerade mit dieser Betonung des Weiblichen wird ein wesentlich Neues im Weltbild des jüdischen Menschen sichtbar, der bisher mit seiner geistig-ethischen Haltung so stark patriarchal fundiert schien, daß das Weibliche, unterdrückt und fast mißachtet, nur unterirdisch auf ihn zu wirken vermocht hatte. In Chagall bricht nicht etwa nur kompensatorisch die Gegenseite durch, wie in den mystischen Tiefenströmungen der jüdischen Geistesgeschichte, sondern er ist der Verkünder einer neuen Wirklichkeit, die im Anbrechen ist, eines Umsturzes, der von der Tiefe her einsetzt. Nur aus diesem Grunde ist man überhaupt berechtigt, von einer prophetischen Aufgabe Chagalls zu sprechen.

Die weibliche Seelengestalt, welche die Welt Chagalls erfüllt, reicht nicht nur über sein eigenes Persönliches hinaus, sondern sie überragt auch die Begrenztheit einer nur jüdisch zeitgenössischen Konstellation, denn der Kreis, dessen Mitte sie bildet, ist der uralte Kreis archetypischer Symbole, heißen sie nun Nacht oder Mond, Braut oder Engel, Liebende oder Mutter. Aber es ist auffällig und für die Situation des modernen Menschen und Juden äußerst charakteristisch, daß nur selten die Mutter mit dem Kinde im Mittelpunkt dieser Bilder steht. Die Mutter mit dem Kind, die in ihrer Mariengestalt in den Bildern Chagalls auftaucht, hat als die kollektiv regenerierende Gefühlskraft des Weiblichen im Jüdischen immer eine bedeutende Rolle gespielt. Aber sie ist doch stets ein Symbol weiblicher Kollektivkräfte geblieben, ohne als individuelles Weibliches im Leben oder als weiblich Innerliches in der Psyche des jüdischen Mannes sich wirklich inkarnieren zu können. Um die individuelle Inkarnation des Seelenhaft-Weiblichen im Menschen aber geht es, und als diese erscheint das Weibliche auch bei Chagall und beherrscht als Gestalt der zauberischen und faszinierenden, inspirierenden und verzückenden, die Welt mit dem Sternsturz ihrer Farben verwandelnden Seele seine Bilder.

Darum steht die Beziehung des Männlichen zu diesem Weiblichen im Mittelpunkt, und deswegen sind es immer wieder die Liebenden, in denen die heimliche Wirklichkeit der Welt aufblüht und zu ihrer geheimnisvollen Sichtbarkeit kommt. Diese Braut und dieser Bräutigam, die Chagall zu malen nicht müde wird, erfüllen das «Städtel» ebenso wie Paris, in ihnen ist die Dunkelheit nächtlichen Triebes wie die goldene Verklärtheit seeliger Verzückung. Ob der Esel des Körpers noch torkelnd, aber schon geflügelt sich zu höheren Gefilden erhebt, ob er rotglühend als riesiger Engel den Kelch mit dem heiligen Wein des Rausches hält, oder ob über den Liebenden der Mond so dicht steht, daß die ferne Brücke wie der Rand der Wirklichkeit eine Verklärtheit abschließt, in der Liebende, Engel und Blüten sich gegenseitig zureichen, die Verschlingung von Trieb und Seele, von Menschlichem und Göttlichem, von Farbe und Licht ist immer nur die e i n e Begegnung, die hinter dem allen lebendig ist, die Begegnung des Bräutigams mit der Braut. Diese Begegnung aber ist die des transzendenten Gottes mit seiner weiblichen Immanenz, es ist die von Keter und Schechinah, von Gott und Seele, von Mensch und Welt, die in der inneren Wirklichkeit jedes Liebespaares statthat.

Die kabbalistische und chassidische Symbolik der jüdischen Mystik wird hier zur Wirklichkeit eines Liebestrunkenen, dessen farbige Palette die Ebenbildlichkeit des schöpferischen Menschen mit der Gottheit preist, und in dessen Bildern vom Leben des Menschlichen in der Welt die Schöpfung immer wieder neu beginnt.

Die Liebenden sind das Siegel Gottes auf der Welt, in dem seine Verbindung mit der Wirklichkeit des Menschen sich wie ein neuer Regenbogen der Verheißung bestätigt. Denn trotz allen Schreckens, trotz aller Pogrome und Kreuzigungen, trotz aller Feuersbrünste und Kriege ist dieses Irdische die Tröstung der Gottheit selber, wenn man es als das symbolische Leben erfaßt, das es ist.

Die weiße, neben dem in den Tallit[1] seiner Einsamkeit gehüllten Juden liegende Kuh ist die Stillung der mütterlichen Welt, und in dem nächtlichen Dorf, dessen unscheinbare Häuser schief und niedrig zwischen den Zäunen und Wiesen stehen, leuchtet riesenhaft das aufgeschlagene Auge der Gottheit (Abb. VIII). Immer sieht es uns an, immer sieht es die Welt und sich und uns in ihr, und überall ist es die Mitte des Wirklichen, die in der Stille als Anwesenheit Gottes sichtbar wird. Auch wenn die das blaue Tier unter dem Mond melkende Frau dieses Auge vielleicht weniger sieht, als die Hühner und Häuser, so beherrscht es doch die nächtliche Welt und tut sich überall da auf, wo die Kreatur zu sich selber kommt.

Das Zu-sich-selber-Kommen der Welt aber geschieht vornehmlich im Zeichen der Nacht und des Mondes, in welchem die Innerlichkeit sich ausspricht und die Welt des Geheimnisses sich entsiegelt. Darum ist die Nacht auch die Zeit der Ekstase, in welcher der Feuervogel der Seele als flammender Hahn das Weibliche entführt und die Musik der Liebenden die Welt in die vollkommene Ureinheit zurückgestaltet, aus der sie anfangs entsprungen war.

Diese glühende Innenwelt Chagalls, in der die Dinge

[1] Gebetmantel.

nicht ihren irdischen, sondern den seelenhaft gültigen Platz besitzen, den die gerade geschehende Schöpfung ihnen anweist, ist aber alles andere als eine Luftwelt. Es ist auch nicht die Welt des Wunders und der magischen Beschwörung, in welcher der jüdische, die Endzeit im Gebet herabziehende Mensch die Geschichtszeit der Wirklichkeit in ekstatischer Anstrengung überfliegt. Sondern diese Welt ist eine irdisch-wirkliche Seelenwelt, deren nächtliche Wurzeln tiefer reichen als die Wurzeln eines nur irdischen Lebens und bis zu dem Urstrom der Bildwelt hinabdringen, der jedes lebendige Dasein tränkt.

In dieser Symbolwelt Chagalls sind Jüdisches und Christliches ebenso wie Individuelles und Kollektives, Heidnisch-Primitives und Modern-Differenziertes miteinander zu einer unlösbaren Einheit verschmolzen. der verfolgte und gemordete Jude mit den Tefillin [2] hängt als Christus am Kreuz des Leidens, und der Wagen aller angstvoll fliehenden Menschen, deren Heim in Flammen aufgeht, führt über die Gestalt des Gekreuzigten hinweg, der ihr Leiden mit dem seinen vereinigt, denn Opfer und Leiden ist überall, und die gekreuzigte Menschheit hängt überall am Marterholz des Gottessohnes. Daneben aber blüht die heidnische Lebendigkeit der Tiere, und Bock und Esel werden zu panhaften Gestalten heidnischer Vorzeit, in denen sich Engelhaftes mit Göttlichem kreuzt. Denn die Natur ist das Lebendige mit all der direkten Farbfülle und tragischen Hintergründigkeit, die im Instinkt und im Trieb wie in der Trunkenheit und der Wildheit des Rausches durchsichtig wird. Das trunkene Wissen stürzt aus der roten Leuchtkraft des Weins und dem weißen Körper des

[2] Gebetkapseln.

Weibes nicht minder als aus Thorarolle und Kruzifix, und die verzweifelte Gemischtheit der menschlichen Natur aus Oberem und Unterem wird zum geheimnisvollen Zusammenfallen der Gegensätze in der einen Mitte des Lebendigen.

Hier verschmilzt Vergangenes und Zukünftiges, Oberes und Unteres zu einer traumhaften Wirklichkeit, in der Außen und Innen wie in Chagalls verzaubertem Wald als Spiegelwelten eines Dritten erscheinen, das hinter und in ihnen beiden seine eigentliche Wirklichkeit verbirgt.

Diese Wirklichkeit lebt ebenso im jüdischen Beter und Rabbi wie in der armseligen Magd und dem Trunkenbold, dem Huhn und dem müden Pferdchen. Die Verklärung der Sinnlichkeit in den nackten Liebenden ist der flammende Feuerhahn, dessen ekstatischer Bogen die Nacht durchschneidet, und die Liebenden im Schiff oder unter der Brücke strahlen nicht anders als der Schabbatleuchter oder die rote Sonne der hochzeitlichen Vereinigung.

Alle diese Ebenen der verborgenen Gotteswelt werden in Chagalls Bildern sichtbar und erscheinen in der natur-, das heißt gottgemäßen Durchdringung, in der sie das seelische Dasein bestimmen. Naturding und Symbol, Spukerscheinung und Wirklichkeit, Harlekinade des Lebendigen und Zauber der Liebenden, drastisch nackter Trieb und religiöse Verzückung, plündernde Soldaten und die silberne fischschwänzige Tänzerin der Seele, Posaunen des Gerichts und die unendliche Zahl fliehender Mütter mit dem Kind, Marien auf der Flucht nach Ägypten, das apokalyptische Weltende und die Oktober-Revolution, Thorarollen, Kruzifixe, Leuchter. gackernde Hühner, verzückte Esel und leuchtende Geigen schwebender Musik. Und immer wieder der Mond.

Die Gottheit spricht in Farben und Symbolen. Sie sind die Innerlichkeit der Welt des Gefühls und der Wahrheit, einer Wahrheit des Herzens, die wie ein farbiges Adernnetz als unterirdische Traumwirklichkeit das Dasein durchzieht. Denn die «wirkliche Welt» ist nur ein dem Nüchternen sich aufdrängendes mattes Scheinbild, erst das trunkene Auge des Schöpferischen vermag die echte Bildwelt zu sehen. Darum steht unter einem Bild Chagalls das Motto, welches für ihn das Geheimnis allen echten Lebens — d. h. aber aller Gotteserkenntnis — birgt: «Devenir flamme rouge et chaude». Erst die Inbrunst, die innere Leidenschaft der Hingabe, welche die Tiefenkräfte des Seelischen im Menschen aufruft und zum Strömen bringt, öffnet auch das Geheimnis der Welt in ihrer gotthaften Innerlichkeit.

Dies alles ist aber nicht pantheistisch mißzuverstehen, es ist nicht nur eine allgemeine Aussage über ein Vorhandensein der Gottheit, es ist aber auch bei aller Nähe zur jüdischen Mystik und zu Symbolen wie Hitlahawut und Dweikut, Leidenschaft der Hingabe und Anheftung an das Göttliche, nicht nur in diesem engeren Rahmen zu verstehen. Die Tiefe und der Umfang des sich Offenbarenden sind der Tiefe und dem Umfang der seelischen Intention zugeordnet, welcher sich das Geheimnis erschließt, ja der die Welt überhaupt erst als schöpferisches Geheimnis offenbar wird. So finden wir gleiches an Intention und unbewußt gelebter Einsicht in der ganzen modernen Malerei, in der ganzen modernen Kunst und im modernen Menschen überall da, wo er bis an den Kern der Gegenwart vorstößt. Denn die Gegenbewegung gegen die urwelthafte Überwucherung der

Welt durch die Übermacht mechanisierter und entseelter menschlicher und technischer Gewalten ist der Aufstand der Seele und der Nach-innen-Sturz des modernen Menschen.

Der Einbruch und Herabstieg der Seele in den jüdischen Menschen, von dem Chagall ergriffen ist, und von dem er kündet, hat sich lange vorbereitet. Jahrtausende hat es gedauert, bis sich das Göttliche von der Härte und Großartigkeit des weltbestimmenden Gesetzes, vom Steilgipfel des Sinai über die leuchtenden Geistwelten kabbalistischer Sphären und außerweltlicher göttlicher Geheimnisse in die weltnahe Innigkeit chassidischer Mystik herabgesenkt hatte.

Mit der Ausschüttung der jüdischen Menschen über die Erde, der Öffnung der bis dahin verschalten jüdischen Kerngemeinschaft in der Golah, beginnt der Untergang des alten jüdischen Menschen in die Welt, der zugleich — das jedenfalls ist die geheime Hoffnung seiner Bestimmung — der Aufgang seiner neuen seelischen Wirklichkeit ist. Dieses seltsame Volk in seiner Mischung von Alter und Jugend, Primitivität und Differenziertheit, prophetischer Innerlichkeit und diesseitigem Ethos, die Welt auszugestalten, materiellster Eingekerkertheit und zeitunabhängiger Geistigkeit — und gerade Chagall ist ja der Ausdruck all dieser Züge — ist in die Wandlung geraten. Die Aussaat des in ihm lange Gesammelten geschieht ebenso unter dem Zeichen neuer Sammlung wie endgültigen Untergangs. Zerfall und Verwesung, Heraufkunft der Urwelt, Absturz der Engel, aber in alledem Neugeburt der Seele. Aber diese Geburt der Seele im Menschlichen findet wie jede Geburt «inter urinas et faeces» statt. Die höchsten Werte stürzen, schief flackern die Leuchter, vergeblich blasen die Engel das Schofar des Gerichts und entrollen bärtige Juden die Pergamentrollen der Thora. Alles wird mitgerissen vom Untergang einer Welt, und dieser Untergang im Zeichen der Kreuzigung geschieht in einem Meer von Blut, Gewalt, Schmerzen und Tränen. Die Brandöfen der Konzentrationslager und die Leichengebirge der Weltkriege sind die Fanale dieses Untergangs und dieser Wandlung. Denn dieser Untergang ist ein Aufgang.

Das Schicksal des jüdischen Menschen ist auch das Schicksal Europas, der Untergang von Witebsk zugleich der von Paris, und der wandernde Jude ist die Wanderung von unzähligen Millionen Entwurzelter, von Juden und Christen, von Nazis und Kommunisten, von Europäern und Chinesen, von Waisen und Mördern. Eine Völkerwanderung von Einzelnen, eine Flucht ins Bodenlose, welche von den äußersten Grenzen Asiens über Europa und bis nach Amerika reicht, ein unendlicher Strom der Wandlung, dessen Tiefe unauslotbar und dessen Ziel und Richtung unabsehbar scheint. Aber gerade aus diesem Chaos und in diesem Untergang taucht das Ewige in ungeahnter Herrlichkeit auf als das Uralte und wieder ganz Neue. Nicht von außen und oben, sondern von innen und unten her scheint das geheimnisvolle Licht der Natur, die Gottesglorie der Schechina als Trösterin, als Heilerin und als weibliches Geheimnis der Wandlung.

Die Unbeirrtheit Chagalls vom Geschehen der Welt ist ja alles andere als Unbeteiligtheit am Geschehen der Zeit. Tiefer vielleicht als das berühmte Guernica Picassos klagen und leiden die schmerzüberfluteten Farben der untergehenden Dörfer und der heimatlos Verfolgten in Chagalls Bildern. Es fehlt Chagall an Monumentalität, weil in dem wirbelnden Strom blutender Gefühlsinnerlichkeit jede feste und monumentale Form sich auflösen muß, weil der Schmerz zu groß ist und seine Direktheit jede umrissene Gestalt von innen her aushöhlt. Es ist die Auflösung einer Welt, die aus den Fugen geht, und in der überall wie in Vulkangebieten Rißlinien den Boden durchfahren, feste Gehäuse der Norm und des Lebens einstürzen, Lavafluten der Zerstörung das Bestehende vernichten, aber auch Geisire schöpferischen Durchbruchs aus dem zerwühlten Boden schießen. Denn gerade in dieser Auflösung leuchtet eine tiefere Ebene seelischer Wirklichkeit auf und gibt ihr Geheimnis dem preis, der, zerrissen wie die Welt selber, ihren und seinen seelischen Urgrund erfährt. Das Göttliche und das Menschliche geht einen gemeinsamen Weg, die Welt und der Mensch sind nicht eine Zweiheit, in der das eine dem anderen gegenübersteht, sondern sie sind eine unlösbare Einheit. Der Mond geht in der Seele jedes Einzelnen auf, und das Haus, in dessen Stirne sich das Auge der Gottheit aufschlägt, bist du selbst.

Chagalls Unbeirrtheit ist die des Liebenden, der auf das eine Unbekannte gerichtet ist, das ihm die Gewißheit seiner eigenen Lebendigkeit gibt. Es ist der uralte Bund des Juden und des Menschen mit der Gottheit, die, aller Beschränkung entkleidet, jedem Volk und jedem Einzelnen nicht nur sich anträgt, sondern sich preisgibt. In jedem brennt der Sinai, jeder wird gekreuzigt, aber jeder ist auch die ganze Schöpfung und Gottes Sohn.

Chagalls Durchbruch ist, wie der Durchbruch des Seelischen im modernen Menschen überhaupt, weniger eine Tat als ein Erleiden der nackten Wahrheit des Menschen, dem unsere Zeit das antut, was sie jedem antut, der wahrhaft in ihr lebt. Es bleibt nichts Menschliches mehr übrig als das Göttliche. Die Unbeirrbarkeit Chagalls ist die Erfahrung dessen, dem die göttlich-menschliche Welt aufgegangen ist, weil die irdisch-menschliche Welt so überflutet ist von dem Grauen und der Not der Wandlung, die alles zu vernichten drohen, daß sein Gefühl sich nur lebendig halten kann, wenn er das Herz des Daseins nicht mehr aus der inneren Umarmung verliert.

BIBLIOGRAPHIE

I. Leonardo da Vinci und der Mutterarchetyp. Erweitert nach einem Vortrag, gehalten im Psychologischen Club Zürich und in Tel-Aviv.

II. Kunst und Zeit. Gehalten als Eranos-Vortrag 1951, erschienen im Eranos-Jahrbuch XX, Rhein-Verlag, 1952.

III. Bemerkung zu Marc Chagall. Vortrag, gehalten in Tel-Aviv.

INDEX

DEUTSCHE TITEL BEI ***DAIMON***